MAGIE UND MYSTIK
IM 3. JAHRTAUSEND

9. BUCH

EMIL STEJNAR

DIÄT-YOGA

So schlägt man dem Jojo-Effekt ein Schnippchen
So macht man mit dem Rauchen Schluss
So gewinnt man aus seinen Schwächen Geisteskraft

Das vorliegende Buch ist Teil eines einzigartigen Lehrkurses der Magie und Mystik. Emil Stejnar hat mit seinem Werk die Magie und Mystik aus der mittelalterlichen Welt der Wunder in die moderne Welt der Wissenschaft geführt. Seine Thesen und Forschungsergebnisse werden auch in akademischen Kreisen anerkannt.

2. erweiterte Auflage

Umschlaggestaltung & Satz: Rittberger + Knapp
Umschlagmontage aus: ©Michael Rosskotten - Fotolia.com und
©hakoar - Fotolia.com

ISBN 978-3-900721-07-7

www.stejnar-verlag.com

Die Bücher der »MAGIE UND MYSTIK IM 3. JAHRTAUSEND« bieten eine seriöse, umfassende Einführung in das Gesamtgebiet der Esoterik und Geisteswissenschaften. Die Instruktionen und Erkenntnisse, die zuvor nur wenigen ausgewählten Personen zugänglich waren, wurden durch die Veröffentlichung der nun vorliegenden 12 Bände einem großen, begeisterten Leserkreis bekannt. Stejnar beweist, Esoterik kann spannend, intelligent und in der Praxis im Alltag ungemein hilfreich sein.

Die Bücher der »MAGIE UND MYSTIK IM 3. JAHRTAUSEND« umfassen 12 Bände. Jeder Band ist in sich abgeschlossen und behandelt ein wichtiges Thema.

1. BUCH: Das Buch der Meister und seine Erben.
2. BUCH: Exerzitien für Freimaurer.
3. BUCH: Die Vier Elemente.
4. BUCH: Außerkörperliche Erfahrungen.
5. BUCH: Magie mit Astrologie.
6. BUCH: Franz Bardon.
7. BUCH: Das Schutzengelbuch.
8. BUCH: Der Thebaische Kalender.
9. BUCH: Diät-Yoga
10. BUCH: Andy Mo - Ein Erdgeist verzaubert die Welt.
11. BUCH: An der Pforte zur letzten Latern.
12. BUCH: Träumen kann gefährlich sein.

Indessen tut man gut zu bemerken,
dass die Anstrengung und Mühe, die den Sieg
über die Leidenschaften begleiten, bei manchen
Menschen in Lust umschlagen, durch die große
Zufriedenheit, die sie in dem lebendigen Gefühl
der Stärke ihres Geistes finden.
Man kann in diesen glücklichen Zustand gelangen,
und es ist einer der Hauptwege der Seele,
um ihre Herrschaft zu befestigen.

Gottfried Wilhelm Leibniz
Mathematiker Philosoph Jurist 1646 bis 1716

Anders gesagt:

Jede Selbstüberwindung stärkt die Geisteskraft,
und diese geistige Energie schmeckt besser
als alles andere auf der Welt.

Emil Stejnar

MAN MUSS NICHT NUR WOLLEN, MAN MUSS ES AUCH TUN

Es gibt Menschen, die können das. Woher beziehen sie diese Kraft? Die Antwort ist einfach: Sie wandeln ihre Schwächen in Stärke um. Rauchen, Naschen, Alkohol, Essen, Handy, Internet, alle Regungen, die sich in Form von Gewohnheiten, Bedürfnissen oder Lustbegehren der Vernunft und dem Wollen widersetzen, entziehen einem, sobald man sie befriedigt, geistige Energie. Umgekehrt gewinnt man die Energie dieser Schemen, wenn man sich entschlossen weigert, ihnen zu folgen und sie in die Schranken weist.

Auch Sie können das! Sie sind mehr als eine willenlose Gliederpuppe aus Fleisch und Knochen, die an den Fäden von Suchtbegehren und Körpertrieben hängt. Sie sind ein geistiges Wesen ausgestattet mit einem machtvollen Vorstellungsvermögen und einer lenkbaren Willenskraft. Wenn Sie wissen wollen, wie man diese Energien aktiviert, dann lesen Sie dieses Buch.

Lesen Sie das Buch, auch wenn Sie nicht an Magie und Mystik, an Engel und Geister und an den Geist als Fundament Ihres Wesens glauben. Sie werden Zusammenhänge kennen lernen, die Ihr Leben bisher mehr beeinflusst haben als Sie selbst. Und Sie werden erfahren, wie man diese verborgenen Mechanismen zur Hebung seiner Persönlichkeit und zum Erreichen seiner Ziele einsetzen kann.

Dieses Buch wird Sie von der Macht des Geistes über den Körper und von der Existenz verborgener Kräfte, die Sie nutzen können, überzeugen. Sie werden lernen, wie man auf einfache Weise aus unerwünschten Regungen Geisteskraft gewinnt, und Sie werden erkennen, dass Ihre Süchte, Leidenschaften und Begierden willkommene Sparringpartner sind.

In diesem Buch wird die geheimnisvolle Wechselwirkung, die zwischen der geistigen und der irdischen Welt besteht, beschrieben.

- Diät-Yoga führt durch bewusste Kontrolle und gezielte Lenkung seiner Körpertriebe zu Selbstbestimmung und Verwirklichung seiner geistigen Persönlichkeit.
- Selbstbeherrschung ist Selbstbestimmung, ist Freiheit, ist das Ziel jedes selbstbewussten denkenden Wesens.

DIÄT-YOGA

Es kommt nicht auf einen starken Willen an, sondern auf die Entscheidung: "Ich will!"

In Körperregungen, Leidenschaften, Süchten und Begierden, steckt nämlich die gleiche Energie wie in der Willenskraft.

Jeder kann selbst entscheiden, wofür er diese Energie verwendet: Für sein Lustbegehren, oder für die Entschlusskraft, die nein sagt und sich den unerwünschten Trieben entgegenstellt.

Dass einem das gelingt beruht auf dem Sphinxphänomen.

DAS GEHEIMNIS DER SPHINX

Diät-Yoga bewegt nicht Ihren Körper, sondern Ihren Geist. Diät-Yoga ist keine neue esoterische Modeerscheinung wie Surfbrett-Yoga, Wald-Yoga oder Ziegen-Yoga und kein banales Abspeck- oder Rauchentwöhnungsprogramm, sondern uraltes Gedankengut.

Bereits die Eingeweihten im alten Ägypten nutzten das geheime Wissen von der Macht des Geistes über die Regungen des Körpers und beschrieben das Mysterium in Form der Sphinx. Sie wussten: In den Körpertrieben steckt die gleiche Energie wie in der Kraft des Willens, und sie kannten den Hebel, mit dem man diese Energien lenkt.

Das Sphinxphänomen

Dic Sphinx hat den Körper eines Löwen und den Kopf eines herrschenden Pharaos. Sie ist Symbol für die Gesamtnatur des Menschen: Im Menschen verbindet sich die unbändige Kraft des Löwen mit der lenkenden Macht der menschlichen Vernunft. Animalische Triebkraft und urteilender Verstand bilden eine lebendige Einheit. Im Kopf wird bestimmt in welche Richtung der Kraftstrom fließen soll.

Im Kopf wird der Hebel umgelegt. Der entschieden gefasste Entschluss zum Verzicht verwandelt automatisch und ohne Anstrengung, die Triebkraft des Verlangens in reinen Willen. Im Unterschied zur krampfhaften Unterdrückung der Begierden und Süchte, erfordert Diät-Yoga keinen Kraftaufwand sondern legt einfach den Hebel um.

Die Entscheidung legt den Hebel um.

Die Entscheidung ist Ausdruck des Willens. Die Entscheidung bestimmt ob der Mensch oder das Tier agiert: Vernunft statt Zigarette. Selbstwertgefühl statt Schokolade. Freiheit statt Sklave einer Lust. Vom Verstand bewusst gelenkte Triebe unterscheiden den Menschen vom Tier. Hat man sich entschieden, fließt, mit dem

Beschluss, die animalische Kraft des Löwen in die bestimmende Macht des Willens, und untersteht ab sofort - für die Zeit, die man dafür festlegt - der Kontrolle durch den Geist. Dass das funktioniert, ist auf den Nullzeiteffekt zurückzuführen.

Der Zeitfaktor bewirkt, dass der Hebel einrastet.
Der Zeitfaktor ist das Jetzt! Das unmittelbare JETZT. Der Nullzeiteffekt beruht auf diesem blitzartig zündenden zeitlosen JETZT. Der spontane Entschluss: Von JETZT bis heute Abend wird nicht geraucht, oder nicht genascht, oder nichts gegessen, überrumpelt die Triebregungen und überrascht einen selbst. Dem Löwen bleibt keine Zeit, sich dagegen zu stellen. Diät-Yoga nützt diesen Überraschungseffekt zur Selbstbestimmung.

Nimmt man der Zeit nicht die Zeit, rastet der Hebel nicht ein.
Wenn man sich zum Beispiel vornimmt: im neuen Jahr werde ich nicht mehr rauchen, oder ab morgen wird gefastet, oder heute Abend wird nicht genascht, hat das Lustbegehren, also der Löwe, der mit seinen animalischen Energiekomplexen über den Vagusnerv mit dem Kopf in Verbindung steht, genug Zeit, sich dagegenzustellen, und die guten Vorsätze schwinden dahin.

Der Spontanentschluss löst den Nullzeiteffekt aus und stellt die Weichen zur Durchsetzung des Willens. Das Sphinxphänomen beruht auf diesem psychophysischen Mechanismus, den man immer wieder aktivieren kann.

Es ist erstaunlich, wie leicht sich mit diesem Überraschungseffekt Esslust oder Rauchsucht überrumpeln und verdrängen lassen. Wenn der Löwe weiß, dass er in den nächsten Stunden garantiert nichts bekommt, zieht er sich zurück, und der Gusto stellt sich erst gar nicht ein.

Das Sphinxphänomen kann beliebig oft ausgelöst werden und wird im Weiteren noch eingehend beschrieben.

INHALT

VORWORT ZUR NEUAUFLAGE 2020

Seit Erscheinen des ersten Teils dieses Buches sind über 20 Jahre vergangen. Meine Thesen haben sich bestätigt und wurden in wissenschaftlichen Studien vielfach nachgewiesen. Meine Anleitungen führen zum Erfolg.

Mein Versprechen, dass man problemlos abnimmt, wenn man zwischen zwei Mahlzeiten 12 bis 18 Stunden vergehen lässt, wurde von Ärzten bestätigt und von vielen Diätgurus aufgegriffen.

Wird der Körper einige Stunden lang nicht mit Essen versorgt, muss er Fett abbauen, was mit Zwischenmahlzeiten sicher nicht passiert. Tausende Übergewichtige haben mit meiner "Kurzdiät", heute wird sie als "Intervallfasten" propagiert, ihr Gewicht reduziert.

Die unsinnige Empfehlung, fünfmal am Tag Obst zu essen, wurde, genau wie ich vorhersagte, als Mastkur enttarnt.

Auch meine Behauptung, dass die Trennkost und alle anderen Diäten, die entweder das Fett oder den Zucker oder die Kohlenhydrate verbannen, unsinnig sind, wurde bestätigt. (Siehe Artikel in Spiegel 12/2011.) Studien weisen nach, es sind alleine die Kalorien, auf die es ankommt, und die Muskeltätigkeit, mit der man sie verbrennen kann, wenn man Gewicht verlieren will. Also weniger essen und mehr Bewegung.

Sehr rasch hat sich auch meine Erkenntnis vom "Thermostatgewicht" und dem Trick mit der Umkehr des Jojo Effekts durch die Verwirrungstaktik in der Praxis bestätigt. Da wird nicht gehungert, sondern gegessen, was Freude macht, und das Gewicht bleibt trotzdem konstant.

Auch meine "magischen" Erklärungen gehören inzwischen zum festen Bestandteil der modernen Wissenschaft. Was die okkulte Tradition den Geistern zuschreibt, wird heute als "psychosomatisch" diagnostiziert und den "unbewussten Mächten" des seelischen Stimmungsbereichs zugeschrieben. Aber ob man zu dem, was einen bedrängt und krank oder dick macht, Unterbewusstsein oder Komplexe oder wie wir, Schemen sagt, ist dem Bewusstsein doch völlig Wurst. Wirklich ist, was wirkt, hat C.G. Jung festgestellt und wer möchte dem widersprechen.

DIE JOJO KURZDIÄT

DER GEIST, DER SIE ZUM KÜHLSCHRANK DRÄNGT

Wer denkt, dass er mehr ist als Fleisch und Knochen, wird sich als geistiges Wesen sehen. Er glaubt an sich und an seinen lebendigen Geist, und vielleicht glaubt er auch an Engel und Geister.

Die Wissenschaft der Magie und Mystik hat zum besseren Verständnis der geistigen Welt eine Hierarchie von Göttern und Genien entworfen, in der auch der Menschengeist einen bestimmten Platz einnimmt. Macht und Einfluss eines Menschen richtet sich danach, wie weit er über sich selbst Macht und Einfluss besitzt. Diese Ordnung hat einen Grund.

Der Menschengeist besteht nämlich selber aus kleinen Geistern. Das sind seine inneren Regungen, seine Triebe und Gelüste, die er überwachen, und wie seine Körperglieder, kontrollieren und beherrschen muss. Wenn das nicht der Fall ist, wird ihn umgekehrt sein Innenleben dorthin bewegen, wohin er vielleicht gar nicht will. Die Tradition der Magie kennt dazu verschiedene Übungen, welche die geistigen Fähigkeiten heben und damit das persönliche Bewusstsein erweitern. Dieses geistige Fitnesstraining, das in erster Linie auf Selbstbeherrschung beruht und den Willen schult, verändert nicht nur das geistige Wesen des Menschen. Es bewirkt auch Konzentrationsfähigkeit, Vitalität und inneren Frieden, Eigenschaften, die einem auch im Alltag zugute kommen.

*

Was aber ist der Geist, der in jedem Menschen steckt und von sich sagt: ICH BIN? Was am Menschen ist nicht physisch? Was im Körper ist nicht aus Knochen, Fleisch und Blut?

Es können dies nur die Gedankenbilder und die Gefühlsregungen sein, und der persönliche Wille, der diese inneren Regungen ordnet, lenkt und beherrscht. Die Vorstellungen, die Gefühle und die Wunsch- und Willensregungen sind die lebendigen Zellen von Geist und Seele. Sie sind das Fleisch des feinstofflichen Körpers, der das Bewusstsein trägt und nach dem Tod nicht verwest, sondern weiterlebt.

Gedanken, Gefühle und Emotionen sind lebendige geistige Zellen, und die Götter, Genien und Dämonen bestehen aus dem gleichen geistigen Fleisch.

Das kann gefährlich oder hilfreich sein, denn über diese geistigen Zellen besteht eine Verbindung zur geistigen Welt. Die unsichtbaren Mächte sind den Menschen damit näher, als man denkt. Man braucht keine magische Macht, um sie zu rufen, sie sind schon in uns.

Jeder Gedanke, jede Vorstellung, jeder gute Vorsatz ist ein Molekül des Geistes und Teil einer lebendigen feinstofflichen Struktur, aus der sowohl die Menschengeister, als auch der Geist der Götter und der Genien aufgebaut sind.

Und so wie jede Körperzelle für sich eine lebendige eigenständige Einheit bildet und unter Umständen zu einer Krebsgeschwulst entarten kann, ist jede Zelle des Geistes, also jeder Gedanke und jedes Gefühl, wie ein eigenständiges geistiges Wesen, das zu einem kleinen Dämon anwachsen kann, der einen etwas tun lässt, was man eigentlich gar nicht tun will: Zum Beispiel die Zigarette rauchen, obwohl man genau weiß, wie gesundheitsschädlich das ist, oder die Torte essen, trotz Übergewicht.

Alles fängt zuerst im Geist mit einer Vorstellung und einer an die Vorstellung geknüpften Gefühlsregung an. Die Urlaubsreise genauso wie der Gang zum Kühlschrank um das Bier, oder zum Würstelstand. Es ist ein Geist, der Sie in die Konditorei oder Pizzeria pilgern lässt. Aber nicht Ihr Geist, sondern ein kleiner Geist, der sich aus dem Gedanken: Pizza essen, Torte naschen, Zigarette rauchen, gebildet hat. Es ist ein lebendiges Bild, das im Bewusstsein aufscheint und Sie dazu bewegt, etwas zu tun, das Sie möglicherweise gar nicht tun wollen. Je nach Intensität sagt man dazu Regung, Lustbegehren oder Sucht. Wir nennen diese kleinen persönlichen Geister Schemen oder Elementare und Elementale und sind überzeugt davon, dass man sie kontrollieren muss.

Dass nicht Sie selbst, sondern ein anderer Geist hinter diesen Regungen steht, ergibt sich aus der Tatsache, dass Sie zwar mitnaschen an der Torte, das aber gar nicht wollen, weil Sie übergewichtig sind und die Torte so viele Kalorien hat. Sie lassen es zu, obwohl

Sie total dagegen sind. Das muss nicht sein und das wird sich ändern, nachdem Sie das Buch gelesen haben.

Aber auch wenn Sie nicht an Ihren Geist und an Geister glauben, die Jojo Kurzdiät funktioniert auf jeden Fall. Sie beruht auf Mechanismen, die man wissenschaftlich nachvollziehen kann:

Nach dem gleichen Prinzip, mit dem der Jojo Effekt nach jeder Diät Ihr Gewicht hinaufschaukelt, wird die Jojo Kurzdiät, die, für den lästigen Effekt verantwortlichen Mechanismen nützen und das unerwünschte Phänomen ins Gegenteil verkehren.

DIE DREI MECHANISMEN

Wenn Sie Übergewicht haben, müssen Sie auf drei Dinge achten:

1. **Vermeiden,** dass Sie zunehmen.
2. **Versuchen,** langsam abzunehmen.
3. **Verhindern,** dass Sie wieder zunehmen.

Abnehmen ist leicht. Das eigentliche Problem beim Abnehmen ist das Zunehmen. Wenn es Ihnen gelingt, das zu verhindern, werden Sie mit jeder Diät Erfolg haben. Aber auch das erneute Zunehmen lässt sich, wie Sie gleich erfahren werden, mit der Jojo Kurzdiät sehr leicht vermeiden.

Dazu brauchen Sie 3 Markierungen:

1. Das Wunschgewicht
2. Das Alarmgewicht
3. Das Höchstgewicht

Und drei Hilfsmittel als Voraussetzung:

1. Die richtige geistige Einstellung, das jeweils angepeilte "Wunschgewicht" zu erreichen.
2. Den festen Entschluss, Ihr "Höchstgewicht" nie wieder zu über schreiten.
3. Eine Waage als Wächter, damit Sie Ihr "Alarmgewicht" nicht aus den Augen verlieren.

Wenn Sie es wirklich ernst meinen und diese drei Voraussetzungen – die geistige, die seelische und die körperliche – erfüllen, dann wird Ihr Wunsch zur zwingenden Kraft und Sie werden nicht nur Ihr Wunschgewicht sondern auch Ihr Idealgewicht erreichen und dieses auch spielend halten können.

Drei Fehler müssen Sie vermeiden:

Der erste Fehler

Sie dürfen nicht zu rasch zu viel Gewicht verlieren wollen. Denn sobald Sie eine solche Crashdiät beenden, nehmen Sie in kurzer Zeit alles und noch viel mehr wieder zu. Die Natur meint es gut mit diesem Mechanismus, der das Überleben in Notzeiten sichern soll. Wenn der Körper längere Zeit nichts zu essen bekommt, denkt er an Hungersnot. Was macht man in Krisenzeiten, man legt Reserven an. Der Körper wird also, sobald es wieder etwas zu essen gibt, für die nächste Hungersnot vorsorgen. Er wird Fettreserven anlegen. Das wird er nach jeder Diät machen und zwar immer nachhaltiger. Man nimmt 10 Kilo ab und danach 15 Kilo zu. Man bezeichnet dieses Phänomen als den Jojo-Effekt. Nach einer Fastenkur geht das Gewicht unweigerlich wieder nach oben. Dagegen kann man nichts tun. Man kann ihn nicht ausschalten. Aber man kann ihn überlisten und umgehen. Das Geheimnis, wie man dem Jojo-Effekt ein Schnippchen schlägt, werde ich Ihnen gleich erklären.

Das wichtigste ist: inszenieren Sie keine Hungersnot! Nehmen Sie sich nicht vor, mehr als ein halbes Kilo pro Woche abzunehmen. Und legen Sie zwischendurch immer wieder Pausen ein, in denen Sie "normal", also drei Mal am Tag, essen, sich aber mehr bewegen und so den Körper zwingen, das gerade erreichte Gewicht trotzdem zu halten.

Der zweite Fehler

Probieren Sie nicht eine neue "Wunderdiät" nach der anderen aus. Vergessen Sie alle Ratschläge aus den diversen Magazinen, die haben Ihnen alle nicht geholfen. Kaufen Sie auch nicht die teuren Mittel in der Apotheke. Auch die sind völlig sinnlos und werden Ihr Gewicht nicht reduzieren.

Stellen Sie sich lieber selbst, nach den Regeln der Jojo Kurzdiät, einen für Sie persönlich geeigneten Fitness- und Speiseplan zusammen. Und wenn Sie sehen, dass es Freude macht, bleiben Sie dabei. Machen Sie die Jojo Kurzdiät zu Ihrer Lebensdiät.

Der dritte Fehler
ist die negative Stimmung, hervorgerufen durch eine falsche geistige Einstellung. Die meisten fasten lustlos, leiden und sind frustriert, weil sie hungern und denken, es entgeht ihnen etwas.

Bei einer richtig durchgeführten Diät ist das Gegenteil der Fall. Die Jojo Kurzdiät wird Ihr Leben ungemein bereichern. Das ist das Geheimnis von Diät-Yoga. Sie werden sich über jedes Gramm, das Sie abnehmen, freuen und auf Ihren starken Willen stolz sein. Fasten kann Sie glücklich machen. Sie müssen sich nur immer wieder alle positiven Seiten Ihres Vorhabens und die guten Aussichten, die sich mit der neuen gesunden Lebensweise für Sie eröffnen, ins Bewusstsein rufen.

Es kommt auf die richtige geistige Einstellung an.
Machen Sie sich bewusst:

- Fasten fördert Ihre Gesundheit, Sie werden es bereits nach wenigen Tagen merken.
- Durch die Überwindung der Esslust gewinnen Sie täglich Vitalität und Geisteskraft. Mit jedem Gramm, das Sie verlieren, wachsen Ihre Willenskraft, Ihre Durchsetzungsfähigkeit und Ihr Selbstvertrauen.
- Ihre persönliche Ausstrahlung nimmt zu. Selbst wenn man optisch noch gar nichts sehen kann, werden auch andere sehr bald merken, dass Sie sich verändert haben und ein neuer Mensch geworden sind. Man wird finden, dass Sie plötzlich jugendlich und dynamisch wirken.

Denken Sie immer daran: Sie fasten freiwillig und können die Jojo Kurzdiät jederzeit unterbrechen und essen, so viel Sie wollen. Diese Freiheit ist sogar ein wesentlicher Bestandteil der außergewöhnlichen Diät, und es sind, wie Sie gleich erfahren werden, gerade diese Unterbrechungen, welche den verblüffenden Erfolg garantieren. Auch wenn Sie zwischendurch sündigen, auf längere Zeit gerechnet verlieren Sie kontinuierlich an Gewicht.

Die positive geistige Einstellung ist das wichtigste Fundament einer erfolgreichen Diät. Rufen Sie sich daher immer wieder die obigen Tatsachen ins Bewusstsein. Die Freude über Ihre Willenskraft und Ihren Erfolg wird dann viel größer sein als der kurze Essgenuss.

Sie können nach jedem Diättag, den Sie gemeistert haben, stolz und zufrieden sein. Pflegen Sie diese Stimmung ganz bewusst und freuen Sie sich auch bereits während des Tages jedes Mal, wenn Sie eine Fressattacke abwehren, über Ihren persönlichen Sieg. Machen Sie sich einen Sport daraus, gezielt Ihre Geist- und Seelenmuskeln zu trainieren, indem Sie Ihren Hunger und Ihren Gusto zähmen wie ein Cowboy sein wildes Pferd. Irgendwann wird aus den ungezügelten Ausschlägen Ihrer Körperregungen eine kraftvolle, beherrschte, vitale Energie, die Sie sicher durchs Leben trägt. Sie fasten nicht nur, um Ihr Übergewicht abzubauen, sondern auch, um Ihr wahres ICHSELBST zu erkennen und aufzubauen. Sie sind ein geistiges Wesen, das in einem Körper steckt. Es geht um Sie selbst, um Ihre geistige Persönlichkeit, und nicht nur um Ihre fleischliche Hülle.

Die Lebenswaage hat zwei Schalen, eine irdische und eine überirdische. Senkt sich die eine, hebt sich die andere. Auf der irdischen Waagschale liegen die Folgen aller irdisch ausgerichteten und körperbedingten Ansammlungen, auch Ihre Pfunde, auf der feinstofflichen liegt der Lohn des Verzichts, das unsichtbare Gold Ihrer Geisteskraft. Nehmen Sie vom irdischen Gewicht, so vermehrt sich Ihre Geist- und Seelenkraft. (Übrigens, auch Reichtum und Besitz liegen schwer auf der Waage; die Chinesen sagen, was man auf der Erde verschenkt, erhält man im Himmel zurück.)

Die Jojo Kurzdiät ist keine Fastenkur zum Abspecken, sondern eine angewandte Lebensphilosophie. Wer glaubt, dass er mehr ist als der Körper, den er mit sich herumschleppt, muss als Konsequenz diesen Körper als Instrument des Geistes sehen und ihn, mit all seinen Bedürfnissen, Trieben und Regungen, auch beherrschen lernen.

Enthaltsamkeit ist keine altmodische Tugend, sondern das Geheimnis von Glück, Erfolg und Lebenskraft. Und eine der wichtigsten Erkenntnisse ist, dass Widerstand als Herausforderung gesehen, zu einem wichtigen Kraftquell wird.

"***Es ist ein physikalisches Gesetz, dass Kraft am Widerstand wächst, eben auch im Psychischen. Kraft ist ein Göttliches Element, das sich im Menschen spiegelt.***"

Ludwig van Beethoven

WUNSCHGEWICHT, ALARMGEWICHT UND HÖCHSTGEWICHT

Wunschgewicht, Alarmgewicht und Höchstgewicht sind drei Markierungen, die Sie ständig im Auge behalten müssen.

Das Wunschgewicht

Zuerst bestimmen Sie Ihr "Wunschgewicht". Das Wunschgewicht ist jenes Gewicht, das Sie in der ersten Etappe erreichen wollen.

Es ist nicht Ihr Idealgewicht, das Sie vielleicht in fünf, zehn, zwanzig Monaten haben werden. Bleiben Sie dabei realistisch. Nehmen Sie sich für die ersten Wochen nicht zu viel vor. Mehr als drei Kilogramm unter dem was Sie am Anfang wiegen, sollte es nicht sein.

Das Höchstgewicht

Dann legen Sie Ihr "Höchstgewicht" fest. Das Höchstgewicht ist das Gewicht, das Sie zur Zeit wiegen und das Sie bereit sind, noch eine Zeit lang zähneknirschend zu tolerieren. Dieses Höchstgewicht darf ab jetzt auf keinen Fall mehr überschritten werden!

Das Alarmgewicht

Damit das nicht geschieht, bauen Sie einen Regler, das Alarmgewicht, in Ihr Bewusstsein ein. Das Alarmgewicht liegt am besten einen Kilo unter dem Höchstgewicht und einen Kilo über dem Wunschgewicht. Sobald Sie es nach oben überschreiten, schrillt eine Alarmglocke in Ihnen auf. Jetzt müssen Sie wirklich eisern fasten. Achtzehn Stunden Nulldiät ist angesagt.

Das Alarmgewicht erfüllt einen bedeutenden Regel- Mechanismus. Ab jetzt wird sich nämlich der Jojo-Effekt nur noch im Rahmen von höchstens einem Kilo auf oder ab in der Nähe des Alarmgewichtes abspielen können.

Die nachstehende Graphik mag das verdeutlichen. Die Linie der Gewichtskurve ergibt sich aus Ihrem jeweiligen Tagesgewicht.

DIE DIÄTGRAFIK

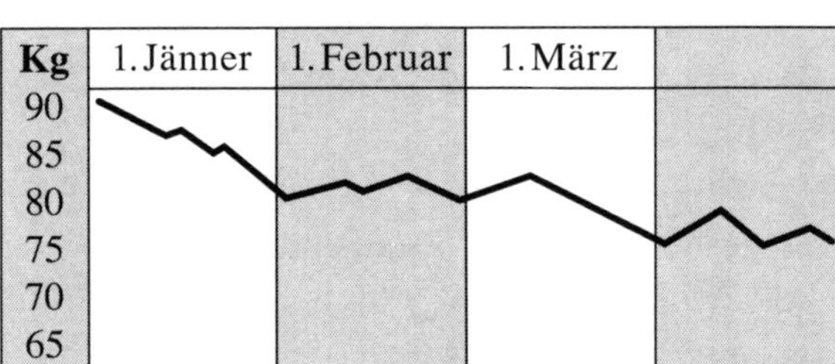

Am Beginn der Diät ist das Höchstgewicht gezwungenermaßen identisch mit dem Gewicht, das Sie gerade auf die Waage bringen. Mehr darf es nie wieder sein. Aber sobald Sie abgenommen haben, und unter das gesetzte Alarmgewicht kommen, senken Sie das Höchstgewicht entsprechend ab.

Wenn Sie zum Beispiel neunzig Kilogramm wiegen und sich als erstes Wunschgewicht 87 Kilo vorgenommen haben, würde das neue Höchstgewicht 89 Kilo und das Alarmgewicht 88 Kilo sein.

Dadurch verbleiben 1000 Gramm Spielraum für schwache Stunden. Das ist wichtig, denn erstens soll das Fasten mit der Jojo Kurzdiät eine fröhliche Angelegenheit sein, glückliche Schlemmerstunden sind zwischendurch zugelassen, und zweitens dürfen Sie das Höchstgewicht unter keinen Umständen überschreiten. Auch nicht, wenn Ihr Partner Sie verlässt, Sie Ihren Job verlieren oder die Börse zusammenbricht. Ihr Höchstgewicht muss halten. Kein bisschen mehr, auch nicht zu Weihnachten oder im All-inclusive-Urlaub auf den Inseln.

Geben Sie sich selbst das Versprechen:

„Ich will lieber drei Tage hungern, als dass ich das freiwillig festgelegte Höchstgewicht überschreite."

Wenn Sie sich ab jetzt täglich auf die Waage stellen, dann nicht um zu erfahren, wie viel Sie bereits abgenommen haben. Wann Sie Ihr Ziel erreichen, ist nicht so wichtig. Lassen Sie sich Zeit. Es hat ja auch Jahre gedauert, bis Sie sich alles angefuttert haben. Wichtig ist lediglich eines: dass Sie Ihr Höchstgewicht nicht überschreiten. Sie müssen sich programmieren wie einen Thermostat. Schon wenn Sie in die Nähe Ihres Alarmgewichts kommen, vergeht Ihnen der Appetit.

Damit haben Sie erstmals Ihr Gewicht unter Kontrolle. Sie werden nie wieder mehr wiegen als heute. Und da Sie Ihr Höchstgewicht, sobald Sie Ihr Wunschgewicht erreichen, automatisch anpassen und senken – es sollte nicht mehr als zwei bis vier Kilo darüber liegen –, kommen Sie Ihrem Idealgewicht immer näher.

Indem Sie solchermaßen sukzessive, und nicht mit einem einzigen Gewaltakt, Ihr Gewicht reduzieren, vermeiden Sie auch automatisch den hinterhältigen Rückschlag des Jojo-Effekts. Sie drehen den Spieß um und schaukeln Ihre Pfunde langsam aber sicher herunter.

RICHTIG ESSEN

VERNÜNFTIGER ESSEN

Diätratgeber und Ernährungs-Docs überbieten sich mit Empfehlungen und Verboten. Da wird Angst gemacht vor Fett, vor Zucker, vor Brötchen und Brot, dafür wird von Vollkorn, Ballaststoffen und Rohkost geschwärmt. Da wird verteufelt, was schmeckt und gepriesen, was man sowieso nicht essen will. Lassen Sie sich nicht entmündigen, essen Sie, was Sie wollen, aber etwas weniger und kontrolliert.

- Die Jojo Kurzdiät kennt nur einen Rat: Essen Sie was Ihnen schmeckt, aber weniger, als Sie könnten und höchstens dreimal am Tag.

Bevor Sie mit der Jojo Kurzdiät beginnen, müssen Sie Ihre Essgewohnheiten überprüfen. Vielen Menschen ist gar nicht bewusst, wie viel sie zwischendurch essen und naschen. Essen Sie bewusst. Machen Sie sich klar, warum Sie essen. Mehr als zwei Mahlzeiten am Tag sind nicht nötig. Alles andere ist purer Luxus, den sich Übergewichtige nicht leisten können.

- Bringen Sie Ordnung in Ihren Speiseplan
- Essgewohnheiten sind magisch wirkende Rituale und beeinflussen den "Hunger" mehr, als Sie glauben.

Sie können sich die Macht der Gewohnheit leicht vor Augen führen. Hängen Sie Ihr Handtuch oder stellen Sie Ihr Zahnputzglas im Badezimmer auf die andere Seite als üblich. Sie werden tagelang an die falsche Stelle greifen.

Auch die inneren Organe funktionieren nach diesem Prinzip. Man nennt es den bedingten Reflex und hat ihn mit folgendem Experiment nachgewiesen: So wie Ihnen, sobald Sie den Mittagsbraten riechen, das Wasser im Munde zusammen läuft und die Produktion der Magensäure angeregt wird, wird auch in einem Hundeorganismus vermehrt Magensäure produziert, sobald er glaubt, er bekommt etwas zu fressen. Der Russe Pawlow machte nun einen weiteren Versuch. Bevor er seinem Hund Fressen gab, klingelte er jedes Mal mit einer Glocke. Nach einiger Zeit genügte es, dass er mit der Glocke läutete, und im Hundemagen vermehrte sich die Magensäure, ganz gleich, um welche Zeit, und unabhängig davon, ob er nun auch wirklich etwas zu fressen bekam oder nicht. Genauso geht es Ihnen. Auch für Sie klingelt mehrmals am Tag eine Hunger-Glocke:

Wenn Sie es gewohnt sind, zu einer bestimmten Zeit eine Zwischenmahlzeit einzunehmen, dann werden Sie garantiert und pünktlich wie eine Uhr um diese Zeit etwas essen wollen.

Wenn Sie es gewohnt sind, nach dem Essen zum Kaffee ein Dessert zu verzehren, werden Sie leiden, wenn Sie darauf verzichten müssen.

Wenn Sie es gewohnt sind, nach dem Abendessen zum Fernsehen zu naschen und zu knabbern und an einem schönen Bierchen oder Gläschen Wein zu nuckeln, dann werden Sie es einfach nicht aushalten, wenn Sie plötzlich nichts naschen und knabbern und nuckeln dürfen, obwohl Sie im Grunde genommen satt und vollgegessen sind.

Das gleiche gilt für den Psychohunger. Wenn Sie es gewohnt sind, bei Langeweile, oder sobald Sie Kummer haben oder im Stress sind, sich mit einem guten Häppchen zu beruhigen und zu trösten, dann werden Sie in solchen Situationen prompt Appetit bekommen und schier ausflippen, wenn Sie sich den Extragenuss zur Entspannung versagen müssen.

Diese ritualisierte Esslust ist aber kein Hunger. Es ist Gewohnheit. Und Gewohnheiten lassen sich ändern.

Das oberste Gebot für vernünftiges Essen lautet daher:

- Essen Sie niemals aus Gewohnheit
- Essen Sie niemals weil Sie gerade hungrig sind
- Essen Sie immer zur selben festgelegten Zeit

Das wird, wenn Sie den Anleitungen aus diesem Buch folgen, höchstens dreimal am Tag sein. Jede andere Mahlzeit ist zu streichen. Zwischenmahlzeiten beruhen nicht auf Hunger, sondern auf schlechter Gewohnheit. Es ist ein Suchtverhalten, das man sich angewöhnt hat.

Was man sich angewöhnte, kann man sich genauso wieder abgewöhnen. Tun Sie das bewusst und konsequent. Lassen Sie nicht locker. Die Macht der Gewohnheit lässt sich nämlich auch für den Diätplan nützen. Sie werden sich daran gewöhnen, statt fünf mal nur drei mal am Tag zu essen. Und Sie werden sich, wenn Sie es wollen und versuchen, genauso leicht daran gewöhnen nur Zwei Mahlzeiten täglich zu sich zu nehmen. Sie werden sich daran gewöhnen, weniger auf den Teller zu laden. Sie werden sich daran gewöhnen, weniger zu naschen. Und Sie werden sich daran gewöhnen, anstelle des Weins am Abend, Fencheltee zu trinken. Sie werden sich daran gewöhnen, beim Fernsehen anstelle der ekelig fetten Fast Food Chips selbstgebackene Haferflockenkekse zu knabbern. Sie werden sich daran gewöhnen, anstelle der fetten Majonäse Jogurt, anstelle von fettem Weichkäse Schafkäse und anstelle der schmierigen Leberpastete selbstgemachten Quarkaufstrich aufs Brot zu schmieren.

Alles, was Sie sich gerne in den Mund stecken, weil es Ihnen schmeckt, beruht auf Gewohnheit. Viel Zucker im Kaffee oder weniger süß oder gar kein Zucker. Mit Milch oder ohne. Jeder will es anders. Je nach Gewohnheit. Viel Salz oder wenig. Scharf gewürzt oder mild. Chili, Ketchup, Senf. Vollkornbrot oder Brötchen. Alles hat man sich irgendwann einmal angewöhnt, und alles kann man sich wieder abgewöhnen. Wenn man es so will.

Naschlust.

Naschen ist ebenfalls eine dumme Gewohnheit und entartet sehr bald zu einer ritualisierten Sucht: Sie setzen sich vor den Fernseher und der Gusto ist da. Das ist schwer abzustellen.

Die Lust auf Süßes kommt in der Regel in Schüben. Entweder Sie werden schwach und stecken sich die Schokolade in den Mund, oder Sie widerstehen der Versuchung und verzichten auf den Genuss.

Im Fall des Verzichts werden Sie folgendes Phänomen beobachten: Ist so eine Suchtattacke erfolgreich abgewehrt, dann verschwindet das Bedürfnis spätestens nach einer halben Stunde und Sie fühlen sich eine zeitlang von dem Lustbegehren befreit. Je nach den persönlichen Naschgewohnheiten kann man leicht einige Stunden durchhalten, wenn man nicht sofort schwach wird. Und wenn man sich vornimmt, die nächsten Stunden garantiert nicht zu naschen, fällt es noch leichter, weil man dann weiß, dass man nichts bekommt und nicht dauernd daran denkt.

Dass das so ist, beruht auf der Fleischwerdung eines "Schemen". Nicht nur Sie inkarnierten sich in diesem Körper, neben Ihrem Geist inkarnieren sich noch andere "Geister", Sie können auch Vorstellungen dazu sagen, und zwar täglich, stündlich, jeden Moment. Zum Beispiel der Gedanke Schokolade oder Zigarette oder Pizza oder Wein. Diese mentalen Bildvorlagen haben die selbe Wirkung wie eine erotische Darstellung für Lust auf Sex. Es bauen sich Energien auf, die das Geschaute erleben wollen. Zuerst ist nur die Vorstellung, dann kommt der Wunsch nach Verwirklichung, danach eine Regung, ein Trieb, ein Lustbegehren, dem man folgt.

Noch ist alles nur Fantasie. Aber in dem Moment, wo Sie die Schokolade naschen, die Zigarette rauchen, die Pizza essen usw., wird der mentale Komplex, der vorher nur ein belebtes Gedankenbild, ein Lustkomplex war, in Ihrem Körper geboren und verwirklicht sich. Er ist nicht mehr nur eine Einbildung, sondern wurde Realität. Nun greift auch der Körper selbst mit Geschmackserlebnis, Insulinausschüttung, Lustbefriedigung und anderen chemischen und neurologischen Reaktionen in das Geschehen ein. Diese Folgen sind viel schwerer auszublenden als zuvor die Phantasien. Sie werden schwach, und der gute Vorsatz ist dahin.

Daher ist es leichter, man wehrt unerwünschte Regungen ab, solange sie noch als Gedankenbilder wahrgenommen werden.

Eine Vorstellung lässt sich leichter beiseiteschieben als die Empfindung von einem erlebten Genuss. Die will sich nämlich wiederholen. Sofort: Nach dem ersten Stück Schokolade ein zweites- und ein drittes, wer kennt das nicht? Hat man einmal nachgegeben und ist der Versuchung unterlegen, dann kann man sich nicht mehr dagegen wehren.

Wenn Sie wirklich naschen wollen, dann tun Sie es bewusst, sowohl was die Auswahl der Süßigkeiten betrifft, als auch die Menge.

Lassen Sie sich nicht überrumpeln. Naschen Sie nach Plan und niemals wenn Sie die Naschlust überrumpeln will. Sie müssen wollen. Und gewöhnen Sie sich andere Naschereien an. Eine Kalorientabelle als Orientierungshilfe wird Ihnen die Augen öffnen und vielleicht auf manches den Appetit verderben. Ich garantiere Ihnen, Sie werden genauso süchtig nach süßen, zarten Bio-Karotten wie nach Ihrer fettigen Schokolade und den schmierigen Bonbons. Wenn Sie zum Fernsehen gerne knabbern, schmecken getrocknete Apfelspalten genauso gut wie Chips oder Kekse, haben aber bedeutend weniger Kalorien. Natürlich nur biologische oder selbstgemachte und nicht die geschwefelten leichenblassen Apfelringe, die nach Plastik schmecken.

- Naschen Sie während der Diättage niemals unmittelbar nach dem Essen. Auch nicht später. Die Zeit bis zur nächsten Mahlzeit soll auch naschfrei bleiben. Sie werden merken, dass die Naschlust dabei schwächer wird und können bald immer öfter auf einen Nachtisch verzichten. Das hilft beim Gewicht reduzieren. Zum Verdauen verbraucht der Körper nämlich eine ganze Menge Kalorien. Dazu verwendet er Zucker. Wenn Sie den nicht über eine süße Nachspeise zuführen, holt er sich den Zucker aus den Kohlenhydraten, die Sie gerade gegessen haben, und es bleibt weniger für die Blutfette und Ihr Fettdepot. Warum sollten Sie auf diese einfache Art, Kalorien loszuwerden, verzichten?

Wenn Sie es gewohnt sind, zwischen den Mahlzeiten zu naschen, und Sie streichen immer wieder rigoros eine Woche lang alles, was zu diesem süßen Vergnügen zählt, werden Sie ganz nebenbei und ohne zu hungern eine Menge von Ihrem Übergewicht verlieren.

Fett.
Fett ist ein gemeiner Dickmacher, sagt man, aber es stimmt nicht generell. Gemeint sind die hinterhältig versteckten Fette in der Wurst, in den billigen Aufstrichen und Fertigprodukten aus dem Supermarkt, in der unsinnigen Majonäse, in den Pommes und Pizzen und natürlich die grauslichen Fette in den Chips und den süßen Backwaren, die phantastisch gut aussehen aber schwer im Magen liegen. Hier lässt sich einiges einsparen. Sie können sicher sein, ein Gramm dieser Fette wird ein Gramm Fett am Bauch, am Hintern oder an Ihren Schenkeln.

Verwenden Sie anstelle von Palmfett und Kokosfett lieber Oliven- und Rapsöl zum Kochen. Das ist zwar ebenfalls fett, jedoch gesünder und lässt sich sparsamer gebrauchen. Und nehmen Sie ruhig auch Butter, wegen des Geschmacks. Ein vorsichtig in Butter abgebratener Fisch schmeckt besser als in rauchigem Öl, und eine Sauce mit Butter und Obers gebunden schmeckt edler als mit Mehl verdickt. Das Gleiche gilt natürlich auch für das Obers im Kaffee, die Sahne auf der Torte und den fetten durchzogenen Speck am Brot. Es muss ja nicht täglich sein.

Essen Sie immer nur echt! Vergessen Sie bitte alle "Light- Produkte". Kaufen Sie nicht diese geschmacklosen Lügen einer total entarteten Esskultur. Essen Sie dafür lieber etwas weniger von allem. Erstens ist das synthetische Zeug aufgrund der vielen chemischen Inhaltsstoffe höchst ungesund, und zweitens braucht der Körper zu jeder Mahlzeit etwas Fett, sonst kann er das Signal "ich bin satt" nicht geben. Wussten Sie übrigens, dass das verpönte, aber köstliche Schweine- und Gänseschmalz aus bis zu 70% ungesättigten Fettsäuren besteht und daher viel bekömmlicher ist als viele andere Fette? Sie dürfen es, selbst wenn Sie hohe Cholesterinwerte haben, an "Schlemmertagen" getrost verwenden.

- Streichen Sie Fett nicht aus Ihrem Speiseplan. Die Praxis beweist nämlich, fettloses Essen schmeckt nicht, macht nicht satt, und ist damit Grundlage für den Jojo-Effekt.

Zucker.

Auch Zucker wird verteufelt, dabei sind die vielen Zuckerersatzstoffe noch viel gefährlicher. Zucker schmeckt gut, macht glücklich und ist ein ganz wichtiger Energielieferant. Nehmen Sie ruhig Zucker, aber nehmen Sie etwas weniger. Sie werden sich rasch daran gewöhnen. Zucker im Kaffee ist absolut okay. Und wenn Sie gerne Süßspeisen essen, dann gönnen Sie sich das Vergnügen. Unverfälscht. Planen Sie die süßen Leckereien in den Rahmen Ihres Diätplans ein und genießen Sie. Bereiten Sie sich's echt süß und verwenden Sie keinen künstlichen Süßstoff. Der Körper glaubt nämlich, auch wenn Sie ihn mit Süßstoff füttern, dass er Zucker bekommt, und stellt sich darauf ein. Dann aber wird nichts daraus, das ist kein Zucker, also signalisiert er erst recht Hunger auf Süßes. Sie nehmen sich noch eine Portion und damit noch einige unnötige Kalorien, die neben dem Zuckerersatz auch noch auf dem Teller sind. Der Gusto auf Süßes bleibt trotzdem bestehen.

Lieber etwas weniger, dafür aber echt, sei auch beim Zucker die Devise. Das gilt für alle Backwaren, Kuchen, Torten und anderen leckeren Sachen. Keine billigen Fertigprodukte aus dem Supermarktregal, backen Sie selbst! Es muss nicht so viel Schokoladensauce sein, keine Fettcreme, sondern lieber mit Pudding und vor allem, bitte nur ganz wenig Sahne.

Die Softdrinks und Fertigbackwaren aus dem Supermarkt, die sollten Sie unbedingt streichen. Denn die sind mit Fruktose, Glukose und ähnlichen künstlichen Stoffen gesüßt, und die machen noch rascher dick als der natürliche Zucker.

Fruktose, Glukose.

und die vielen anderen Zucker Ersatzstoffe haben sich als richtige Dickmacher herausgestellt. Sie sind in der Regel in allen "zuckerfreien" Produkten aus dem Supermarkt, wie Backwaren, Softdrinks, Fruchtsäften und Marmeladen enthalten und erwecken den Anschein, als wären sie ungefährlich, weil ohne Zucker, aber das genaue Gegenteil ist der Fall. Das wurde in wissenschaftlichen Studien eindeutig nachgewiesen.

- Wenn Sie es süß wollen, dann essen Sie echten Zucker und echt süß. Zucker ist weitaus weniger gefährlich als die Gesundheitsapostel und Diätgurus verkünden. Essen Sie süß als Süßspeise oder als Dessert oder Nascherei nach dem Essen, aber nicht zwischendurch, dann wird Ihr Gewicht davon nicht betroffen.

Obsttag?

Ein Apfel hat genauso viele Kalorien wie eine Scheibe Brot. Fruchtsalat, auch wenn er selbstgemacht ist, kann eine Kalorienbombe sein. Das gleiche gilt für Smoothies und Fruchtsäfte. In einem Glas selbstgepresstem Apfelsaft stecken Saft und Fruktose, und damit die Kalorien von 4 Äpfeln, aber keine Ballaststoffe. Essen Sie also Obst wegen der Inhaltstoffe, oder weil es Ihnen schmeckt, aber nicht um Ihr Gewicht zu reduzieren.

- Und essen Sie niemals Obst am Abend. Fruktose wird in der Nacht schlecht verdaut und gärt und die Säure wandelt sich in Zucker um.

Trinken.

Viele Menschen sind es gewohnt, zu ihren Mahlzeiten einen halben Liter und mehr Flüssigkeit zu trinken. Das vergrößert im Laufe der Zeit den Magen und je größer das Magenvolumen ist, umso mehr müssen Sie essen, um sich satt zu fühlen. Ein kleiner Magen wird früher satt. Abgesehen von den Kalorien, die man mit Süßgetränken zusätzlich konsumiert, verdünnt die Flüssigkeit zum Essen die Magensäure, was die Verdauung beeinträchtigen kann.

Wenn Sie außerdem noch Alkohol bechern, brauchen Sie sich nicht wundern, dass Sie dick geworden sind. Schauen Sie in der Kalorientabelle nach, wie viele Kalorien ein Glas Bier oder Wein oder Likör hat. Sie können das niemals auf Dauer weghungern oder abarbeiten. Die Alkoholkalorien werden Ihnen alles wieder aufbürden. Ein Gramm reiner Alkohol wird zu exakt einem Gramm Fett. Außerdem schmeckt das Essen mit einem schönen

Bierchen oder einem Glas Wein noch besser, und man isst mehr. Sie sollten daher, zumindest an den Diättagen, also in den Perioden, in denen Sie abnehmen wollen, auf alle alkoholischen Getränken verzichten.

Das gleiche gilt für alle Limonaden und Fruchtsäfte. Auch das sind Kalorienbomben, die jede Diät zunichte machen. Selbst Milch ist aufgrund des Fettgehalts mit Vorsicht zu genießen. Nehmen Sie lieber die fettarme Milch, wenn Sie glauben Sie brauchen das Kalzium für den Aufbau der Knochen. Ansonst trinken Sie am besten normales gutes Leitungswasser.

- Alleine damit, dass Sie kompromisslos Alkohol und alle unnötig süßen Getränke streichen, können Sie jeden Monat, ohne zu hungern, Ihr Körpergewicht um ein Kilo reduzieren.

Gesundes Essen. Gesundes Essen gibt es nicht. Aber es gibt ungesunde Essgewohnheiten und Lebensmittel, die man meiden soll. Einen Teil davon erkennt man am Geruch und Geschmack oder hinterher am komischen Gefühl im Magen. Die Transfette in den industriell hergestellte Fertigbackwaren gehören genauso dazu wie die Fleischabfälle in den grauslichen fettigen Aufstrichen, Wurstwaren und Würstchen. Faulige Rülpser und Magensäure, die hochsteigt, deuten auf ein Essen, das man besser nicht essen hätte sollen.

- Machen Sie sich nicht selbst zu einem Mastschwein, indem Sie Fleisch aus der Massentierhaltung essen. Ein großer Teil von dem mit Wachstumshormonen und Schmierfett vergifteten Kraftfutter, mit dem die Tiere gemästet wurden, landet nämlich mit dem toten Tier auf Ihrem Teller. Da sind noch Reste von Hormonen und Zusatzstoffen die Fresslust auslösen, damit die Tiere (und Sie?) in 6 Monaten so viel zunehmen wie sonst in einem Jahr.

- Peilen Sie Ihr Wunschgewicht und nicht Ihr Schlachtgewicht an!

Es gibt auch glückliche, mit Gras, Kartoffeln und Mais gefütterte Schweine. Das Fleisch und der Speck dieser Tiere riecht beim Braten nicht nach Stall und schmeckt nicht nach Schwein, ganz anders als die billigen Fastfood- und Supermarktkadaver. Das Gleiche gilt auch für Butter, Milch und Käse. Holen Sie sich Fleisch und Milchprodukte nur vom Bio Bauernhof!

Wählen Sie gesundgebliebene, naturbelassene Lebensmittel, aber glauben Sie nicht alles, was über gesunde Ernährung gepredigt wird: Belasten Sie Ihren Darm nicht mit übermäßig vielen "gesunden" Vollkorn Ballaststoffen, wenn Sie nicht gleichzeitig wahnsinnig viel trinken und ausreichend Salz aufnehmen um die Flüssigkeit zu halten und Verstopfungen zu vermeiden. Löffeln Sie nicht schon am Morgen Hunderte Kalorien "gesundes" Müsli in sich hinein, wenn Sie danach nur am Schreibtisch sitzen und vielleicht noch gar nicht hungrig sind. Füllen Sie Ihren Magen nicht mit Bergen von gesunden Rohkostschnipseln und Gemüse, wenn Sie davon Magenschmerzen und Blähungen bekommen.

Essen Sie nur, was Ihnen schmeckt und nichts, was Sie mit Widerwillen runterschlucken. Sie schlucken damit nämlich auch den Widerwillen in sich hinein und belasten nicht nur Ihren Körper, sondern auch Ihren Geist und Ihre Seele.

- Essen Sie, was Ihnen schmeckt: Fleisch, Speck, Zucker, Weißbrot und genießen Sie es. Aber verschlingen Sie davon nicht unnötig große Portionen. Gesundes Essen gibt es nicht, aber es gibt ungesunde Lebensmittel, falsche Koch- und mörderische Essgewohnheiten.

Kochen Sie selbst! Soweit Sie zu den wenigen Kulturträgern gehören, die Ihr Essen noch selbst zubereiten, können Sie eine ganze Menge für Ihr Gewicht und Ihren Körper tun. Jede Mahlzeit an der Würstchenbude, jede Wurstsemmel im Büro, jede Portion Pommes macht Ihre Anstrengungen der letzten Tage zunichte. Es gibt genügend gute Diätkochbücher, aus denen Sie sich Anregungen holen können. Kartoffelpüree zum Beispiel füllt ordentlich den Magen (der Großteil davon ist Wasser) und hält lange satt, da die enthaltenen Kohlenhydrate nur langsam umgewandelt werden. Ähnliches gilt für Teigwaren und Reis. Die chinesische Art, Gemüse mit etwas Öl in der sehr heißen Pfanne ganz schnell zu garen, schmeckt hervorragend und Sie können Berge davon essen.

Wenn Sie gerne gut essen, werden Sie sicher auch gut kochen können. Die besten Rezepte für schmackhafte, unverfälschte österreichische Hausmannskost finden Sie in dem kleinen gelben "Kronenzeitung Kochbuch." Suchen Sie im Antiquariat nach einer alten Ausgabe aus den sechziger Jahren und kaufen Sie nicht eine der zeitangepassten Neuauflagen.

- Kochen Sie also selbst, aber hängen Sie sich trotzdem in der Küche einen Merkzettel auf:

Nur Wasser macht nicht dick!

Dinieren Sie!

Verschlingen Sie Ihre Mahlzeiten nicht wie ein hungriger Wolf. Ganz gleich, wie viel Sie in sich hineinstopfen, es dauert eine gewisse Zeit, ehe der Körper signalisiert, dass er genug hat. Wenn Sie schnell essen, haben Sie in dieser Zeitspanne möglicherweise doppelt so viel gegessen, wie zum Sattsein nötig gewesen wäre. Essen Sie langsam und genießen Sie jeden Bissen.

- Essen Sie immer langsam, kauen Sie gut und hören Sie um Gottes willen sofort auf zu essen, sobald Sie satt sind.

Verdauung.

Übergewichtige Menschen neigen oft zu Stuhlverstopfung. Erstens, weil sie sich in der Regel zu wenig bewegen, und zweitens ist das Fett nicht nur am Bauch, sondern auch im Bauch und zwar um die Gedärme gepackt. Wenn Sie jemals eine Weihnachtsgans ausgenommen haben, wissen Sie, was ich meine. Leiden auch Sie unter Verstopfung, dann greifen Sie bitte nicht zu einem Abführmittel.

Auch die so genannten natürlichen Produkte aus Pflanzenextrakten beruhen darauf, dass sie eine künstliche Darmentzündung herbeiführen, was auf Dauer noch schädlicher ist, als die verwesenden Schlacken im Darm. Außerdem gewöhnt sich der Körper sehr rasch daran, und je mehr Sie davon verwenden, umso weniger können Sie darauf verzichten. Laufen Sie aber trotzdem nicht mit einem Kotbauch herum. Bereiten Sie sich mit warmem Wasser, ohne jeden Zusatz, einen Einlauf. Sie können sich auf diese Weise unbeschadet mehrmals pro Woche erleichtern.

WENIGER ESSEN

Weniger essen bedeutet nicht, dass Sie wochenlang hungern müssen. Im Gegenteil, das wäre total falsch. Sie würden nämlich, sobald Sie wieder "normal" essen, sehr bald Ihr altes Gewicht - und noch etwas mehr - zurück bekommen. Der Jojo-Effekt macht bekanntlich jede Fastenkur zunichte.

Aber man kann den Jojo- Effekt überlisten und den teuflischen Mechanismus sogar zum Abnehmen nützen. Sie müssen kürzer fasten und zwischendurch mehr verbrennen. Der Körper darf nicht Gelegenheit bekommen, sich auf eine verringerte Kalorienzufuhr einzustellen. Denn das bedeutet Hungersnot und er würde aus dem, was Sie ihm an Nahrung zuführen, alles rausholen, was möglich ist und in Speicherfett anlegen.

- Die Jojo Kurzdiät ist eine Nulldiät, die aber höchstens 18 Stunden dauert.

Sie werden sich also auch an den Diättagen, das sind die Tage an denen Sie besonders auf Ihr Gewicht achten, mittags und abends satt essen können. Wichtig ist lediglich, dass Sie zwischen zwei Mahlzeiten 18 Stunden lang auf jedes Essen verzichten. Das wird zwischen dem Abendessen und dem folgenden Mittagessen der Fall sein, denn mit leerem Magen schläft man nicht gut ein. Also essen Sie am Abend, und wenn Sie aufwachen, haben Sie den größten Teil der Fastenzeit bereits verschlafen. Mit der Aussicht auf ein schönes Mittagessen in fünf Stunden lässt sich der Rest des Fasttages leicht überstehen.

- Wenn Sie um 18 oder 19 Uhr das Abendessen einnehmen und am nächsten Morgen auf das Frühstück verzichten, haben Sie bis zum Mittagessen achtzehn Stunden gefastet. In dieser echten Fastenzeit wird der Körper gezwungen, Fettreserven abzubauen, was er nicht machen würde, wenn Sie ihm Hunderte Kalorien in Form von Butter, Käse, Marmelade und Brötchen, oder gar mit Vollkorn Müsli, das Sie den ganzen Tag mit Kalorien versorgen würde, zugeführt hätten.

Dass ein Abendessen mehr anschlägt als ein Frühstück, stimmt nicht. Es ist ein Irrtum, zu glauben, dass der Körper alles, was nicht sofort abgearbeitet wird, in Fett speichert. Er wäre dazu gar nicht in der Lage und muss deshalb einen Großteil der zugeführten Kalorien so rasch wie möglich wieder loswerden. Sie können das Phänomen beobachten, wenn Sie zum Beispiel abends vor dem Einschlafen noch zu viel naschen. Es wird Ihnen in der ersten Nachthälfte unerklärlich heiß werden, weil der Körper den Zucker verbrennt.

Essen Sie jedoch nicht erst um Mitternacht, sonst liegt das Essen schwer im Magen und Magensäure steigt in die Speiseröhre hoch. Außerdem müssten Sie dann bis 18 Uhr am nächsten Tag fasten und Hunger wäre vorprogrammiert.

Frühstück macht dick!

Es ist eine Tatsache, das ausgiebige Essen am Morgen macht die Menschen dick. Wer auf diese Mahlzeit verzichtet, bekommt problemlos sein Gewicht in den Griff. Tausende begeisterte Anhänger der Jojo Kurzdiät konnten sich davon überzeugen und haben es bestätigt: Es ist viel leichter als man denkt, sich anzugewöhnen, nur zweimal am Tag zu essen. Und es zahlt sich aus. Wer einmal erlebte, wie erfrischend es ist, den Tag nicht mit einem vollgestopften Magen zu beginnen, bleibt in der Regel auch an den diätfreien Tagen dabei.

Sie werden sich ohne Frühstück weitaus wohler fühlen, als wenn Sie angegessen mit vollem Bauch Ihrer Arbeit nachgehen müssen und vom Essen träge sind. Die Müdigkeit nach einer ausgiebigen Mahlzeit wird weitaus beklemmender empfunden und ist viel schwieriger zu überwinden als die Erschöpfung nach einer sportlichen Betätigung. Ohne Frühstück werden Sie mehr leisten können und Sie werden garantiert nie wieder Gewichtsprobleme haben. "Kein Frühstück" bedeutet nicht nüchtern sein. Kaffee, Tee oder ein anderes warmes Getränk mit Milch und Zucker dürfen Sie trotzdem zu sich nehmen. Das wird die aufgebrachten Magennerven beruhigen und Sie werden bald merken, dass Sie damit weitaus besser in den Tag kommen, als wenn Sie sich bereits morgens mit Brötchen, Marmelade und Streichwurst voll stopfen.

Kaffee oder Tee sind auch tagsüber gestattet. Aber auf den Apfel müssen Sie verzichten. Denn der wirkt appetitanregend und hat fast genau so viele Kalorien wie ein Schinkentoast. Der enthaltene Fruchtzucker und die in Zucker umgewandelte Säure, würde den erwünschten Fettabbau verhindern.

Zwischenmahlzeiten kennt die Jojo Kurzdiät nicht!

Es gibt Diät-Gurus, die predigen, man soll die Kalorien auf möglichst viele kleine Mahlzeiten am Tag aufteilen. Das ist aber falsch. Erstens hat dadurch der Körper den ganzen Tag kontinuierlich eine Kalorienzufuhr und braucht nicht auf seine Reserven zurückzugreifen, und zweitens werden Sie von den kleinen Portionen doch nicht richtig satt. Sie haben weiter Hunger und denken ständig an Essen, was Sie erst recht an Essen denken lässt und hungrig macht.

Das gleiche gilt für die Fastenkuren in den Kliniken, die eigentlich Hungerkuren und Grundlage für den Jojo-Effekt sind. Auch dort wird nicht richtig gefastet, sondern mit kleinen Häppchen geködert. Da gibt es zwischendurch ein dünnes Süppchen, bunte Gemüsesäfte, bittere Tees, knackige Salate, alles einladend stimmungsvoll präsentiert. Das regt nicht nur die Magensäfte, sondern auch die Fantasie zum Essen an und macht hungrig. Der Körper schreit nach Fett, nach Kohlenhydraten, nach Proteinen, und sobald er wieder genug davon bekommt, wandelt er, aus Angst vor der nächsten Hungersnot, alles in Speicherfett um. Die vier Kilo, die man abgenommen hat, sind in wenigen Wochen wieder da, und man nimmt weiter zu.

Bei der Jojo Kurzdiät passiert das nicht. Wer drei Tage lang nichts, aber wirklich nichts gegessen hat, weiß, der Hunger ist dann weg. Auch die Naschlust. Der Speiseporno im Kopf läuft nicht mehr. Man könnte noch weitere Tage problemlos auf Essen verzichten.

Aber das ist nicht nötig. Der Körper kann täglich nicht mehr als 80 Gramm Speicherfett verbrennen. Ganz gleich wie sehr er hungern muss. Den gleichen Effekt erzielt man daher, wenn man auf die Zwischenmahlzeiten verzichtet. Hat man die essfreien Stunden akzeptiert und sich daran gewöhnt, dann denkt man nicht mehr dauernd an Essen, ist wach und energiegeladen und nimmt dabei ab.

Die Jojo Kurzdiät kennt nur drei Mahlzeiten am Tag. An den Diättagen sind es bloß zwei. Dazwischen gibt es nichts. Auf mehr stellen Sie sich gar nicht erst ein. Kein Gedanke an irgend eine Kleinigkeit zwischendurch. Sie wissen, dass es nichts gibt und werden auch nicht daran denken. Und so lange Sie nicht daran denken, kommt auch kein Hungergefühl auf.

Sie werden sich an die essfreien Stunden gewöhnen und die Snacks zwischendurch bald überhaupt nicht mehr vermissen. Im Gegenteil, Sie werden feststellen, dass Sie sich mit weniger Essen im Bauch viel vitaler und wohler fühlen. Vermutlich werden Sie sich sogar angewöhnen, auch an diätfreien Tagen auf das ausgiebige Frühstück zu verzichten. Die meisten Leser der Jojo Kurzdiät bleiben, auch nachdem Sie ihr Idealgewicht erreicht haben, bei dieser befreienden Essgewohnheit.

- Essen ist Gewohnheit: Was man isst, wann man isst, wie viel man isst. Alles Gewohnheit. Und was man sich angewöhnte, kann man sich auch wieder abgewöhnen.

Allein dadurch, dass Sie auf die gewohnten Zwischenmahlzeiten verzichten, können Sie jede Woche an Gewicht verlieren und werden in Ihrem ganzen Leben nie wieder Gewichtsprobleme haben. Wenn Sie auf diese Weise planmäßig dinieren, können Sie mittags und abends genussvoll und entspannt Ihr Lieblingsgericht speisen und sich satt essen. Nach dem Abendessen ist da sogar noch ein Dessert oder Naschereien drin.

- Sie selbst entscheiden, was Sie essen, wann Sie essen und wie viel Sie essen. Die Jojo Kurzdiät kennt keine starre Regeln. Die gegebenen Anleitungen haben sich in der Praxis am besten bewährt, aber die Mechanismen funktionieren, auch wenn Sie selbst, Ihren persönlichen Bedürfnissen entsprechend, einen eigenen Tages- und Speiseplan erstellen.
- Nur eines dürfen Sie nicht: Essen oder naschen zwischen den vorgesehenen Mahlzeiten.
- Fehler, die Sie machen, werden Sie sofort an der Waage erkennen.

MEHR VERBRENNEN

Mit Sicherheit hätten Sie weniger Übergewicht, würden Sie sich mehr bewegen. Denn erst nach cirka drei Wochen Fasten werden Fettzellen richtig abgebaut. Vorher geht der Gewichtsverlust auf Kosten der Muskelmasse. Es genügt also nicht, dass Sie weniger essen. Sie müssen auch mehr von den Kalorien verbrennen, die in den Fettzellen gespeichert sind. Dazu müssen Sie sich bewegen.

Sobald sich der Körper bewegt, anstrengt oder anspannt, verbrennt er besonders viele Kalorien. Aber nicht jeder ist ein Sportler. Besonders die korpulenten Menschen trauen sich da leider wenig zu oder genieren sich, keuchend durch die Gegend zu rennen.

Dabei sind gerade dicke Menschen in der Regel sehr beweglich. Man kann das beim Tanzen beobachten. Die molligen Damen bewegen sich, ohne sich anzustrengen, leichtfüßig wie Elfen über das Parkett und scheinen überhaupt nicht zu ermüden.

Auch Sie haben unter Ihren Fettpolstern viel mehr Muskeln versteckt als das mickrige Sechzigkilo-Bürschchen mit den tollen Laufschuhen von nebenan. Glauben Sie wirklich, der würde mit 40 Kilo Gepäck auch so flott die Treppe hochkommen wie Sie mit den vierzig Kilo Speck, die Sie ständig mit sich herumschleppen? Genau genommen sind Sie mit Ihrem Übergewicht ein Schwerarbeiter.

Sie brauchen also kein Leistungssportler werden. Im Gegenteil, das wäre gar nicht gut. Denn wenn Sie zum Beispiel täglich Kraftsport betreiben, würde sich der Körper darauf einstellen, noch mehr Muskeln bilden, die sich jedoch, sobald Sie nicht mehr trainieren, in schwabbeliges Fett verwandeln. Sie würden zunehmen wie nie zuvor.

Aber Sie müssen sich trotzdem bewegen und möglichst viele Muskeln betätigen. Nur so erreichen Sie, dass Ihr Körper die Bedeutung seiner Muskeln erkennt und sich, während Sie fasten, von Fettzellen und nicht von Muskelzellen ernährt.

- Wenn Sie sich jeden Tag mindestens einmal solange anstrengen, bis Sie schwitzen, werden Sie an den Diättagen Speicherfett und nicht Ihre Muskelmasse verlieren.

Laufen, Laufen, Laufen - heute sagt man Joggen dazu. Am raschesten verbrennen Sie Ihre Pfunde beim Laufen. Laufen Sie, es ist mit Abstand die wirkungsvollste und leichteste Art, Gewicht zu verlieren. Außerdem ist Laufen sehr gesund. Ganz gleich, wie unsportlich Sie sind, nichts ist leichter als laufen, und Sie werden es lieben lernen, ja geradezu süchtig danach sein.

Wenn Sie bei Ihren ersten Laufversuchen bereits nach drei Minuten fix und fertig sind, liegt das nicht an einer schlechten Kondition. Die Atemnot ist ganz normal und Folge der ungewohnten Belastung vor allem der Atemmuskulatur. Die muss erst gestärkt werden und das geht sehr schnell. Lassen Sie sich also nicht entmutigen. Wenn Sie außer Atem sind, gehen Sie zwischendurch ein Stück. Geht es bergauf, dann beugen Sie den Oberkörper weiter nach vorne, und schon ist es weniger anstrengend. Ich garantiere Ihnen, in zwei bis drei Wochen sind Sie imstande, spielend zehn Minuten durchzuhalten.

Sie werden erstaunt sein, wie gut Ihnen das Laufen tut. Sie fühlen sich plötzlich viel frischer, wie geistig durchgeputzt. Ihr Atem wird ruhiger, und Sie werden auch noch am nächsten Tag tiefer durchatmen als normal.

Aber nicht nur die vermehrte Sauerstoffaufnahme ist für den Körper so gesund, auch der Geist profitiert davon. Sie werden nämlich sehr bald erleben, dass Sie immer mehr schaffen, als Sie sich zutrauen. Nicht nur beim Laufen, auch bei den anderen Dingen, die Sie sich vornehmen. Ihre ganze Persönlichkeit profitiert davon.

Das Geheimnis beim Laufen lautet am Anfang: weitermachen. Irgendwann kommt der Punkt, an dem Sie glauben, jetzt geht es nicht mehr weiter. Aber Sie geben trotzdem nicht auf. Sie mobilisieren Ihre Reserven und Ihre Willenskraft und schaffen tatsächlich noch einige Meter. Diese Erfahrung ist ein echt beglückendes Erlebnis, stärkt nachhaltig Ihren Geist und färbt auch auf den Alltag ab. Warum, glauben Sie, laufen so viele erfolgreiche Manager, Schauspielerinnen und Politiker? Laufen ist eine aktive Meditation, die das Selbstwertgefühl hebt und die ganze Persönlichkeit stärkt. Laufen ist gerade für unsportliche Menschen mit Abstand die gesündeste körperliche Betätigung. Der rhythmische Wechsel der Belastung lockert nämlich die beanspruchten Muskeln gleichzeitig auf. Anders als beim Radfahren oder an den Geräten im Fitnesscenter bleibt jedoch der Oberkörper entspannt, was auch das Herz weniger belastet, obwohl der Körper auf Hochtouren läuft.

- Laufen Sie aber unbedingt in der freien Natur und nicht auf einem Laufband in einem Fitnessstudio. Der ausgedampfte stinkende Schweiß und die verbrauchte ausgelaugte Atemluft von Dutzenden kämpfenden, keuchenden Menschen im Raum dringt wie Feinstaub als ungesunder Fremdkörpermüll in Sie ein und wird Sie rasch ermüden. Nur frische, reine sauerstoffreiche Luft macht Ihre sportliche Anstrengung zu einer gesunden Betätigung.

Richtig Laufen.
Kaufen Sie sich unbedingt Laufschuhe der besten Qualität. Sie bekommen diese zum halben Preis, wenn Sie mit dem Modell der letzten Saison vorlieb nehmen. Tragen Sie luftige, lockere Bekleidung aus Naturfaser.

Laufen Sie langsam, entspannt und locker. Machen Sie kleine, kurze Schritte. Halten Sie den Oberkörper leicht vorgebeugt und strecken Sie nicht den Kopf in die Luft wie ein Ertrinkender oder ein Sprinter im Ziel. Am besten ist der Blick cirka fünf Meter nach vorne auf den Boden gerichtet. Atmen Sie rhythmisch gleichmäßig, je nach Belastung, zum Beispiel vier Schritte ein- und drei Schritte ausatmen. Halten Sie den Oberkörper ruhig und schieben Sie nicht die Schultern bei jedem Schritt vor und zurück wie ein Boxer im Ring. Auch das Becken bleibt gerade. Schwenken Sie nicht die Hüften wie die Mädchen auf dem Laufsteg, denn das verkrampft und macht rasch müde. Schwenken Sie aber die Arme. Wenn Sie sich beim Laufen die Nase putzen, werden Sie sofort merken, was gemeint ist: Sie laufen plötzlich nur mit den Beinen und können die Hüftbewegung mit den Armen nicht ausgleichen. Aber genau das ist wichtig, damit man sich nicht verkrampft. Das ausgleichende Schwenken mit den Armen entlastet die Beine und bringt den nötigen Schwung.

Probieren Sie es aus. Laufen Sie einfach los. Sie werden in der Praxis sofort erkennen, worauf es ankommt.

- Aber laufen Sie langsam!

Laufen Sie langsam.
Laufen Sie gemütlich. Laufen Sie locker, entspannt und befreit. Machen Sie sich keinen Stress. Es geht nicht darum, dass Sie heute eine Runde mehr schaffen als gestern oder schneller sind. Dieser ungesunde Ehrgeiz darf nicht aufkommen. Auf diese Weise laufen nicht Sie, sondern Sie werden gelaufen: Angetrieben von einem Laufschemen, der bald über Sie und Ihre Freizeit bestimmt.

Je älter die Jogger, umso ehrgeiziger werden sie. Die Alten glauben, sie könnten dem Herzinfarkt davonlaufen und hecheln sich dabei direkt in die Gruft. Das ist genauso peinlich wie die verbissenen Greise und Greisinnen, die von den Foltergeräten in den Fitnessstudios direkt in die Notaufnahme gebracht werden.

- Machen Sie Sport, aber verwenden Sie Ihren Körper schonend und bewusst. Lieber faul sein als übertreiben.

Wenn Sie laufen, um Ihr Gewicht zu reduzieren,
sollten Sie folgendes beachten: Angenommen, Sie gehen dreimal in der Woche eine knappe Stunde joggen. Die ersten zehn Minuten bewirken gar nichts. Ihre Muskelzellen haben dafür genug Energie gespeichert und brauchen zuerst die Zuckerreserven auf. Sie machen aber Ihrem Körper klar, dass seine Muskeln arbeiten. Er wird sie also nicht antasten, sondern im Gegenteil mit der zusätzlichen Energie versorgen, die Sie für die Mehrbelastung brauchen. Diese holt er sich zuerst über die Kalorien, die Sie gerade zu sich genommen haben, aus dem Zucker und den Kohlenhydraten der letzten

Mahlzeit. Ihr Blutzucker wird dabei sinken. Erst wenn da nichts mehr zu holen ist, greift er gezwungenermaßen auf die Fettreserven zurück. Das wird, je nachdem, wann und was Sie zuletzt gegessen haben, erst nach fünf bis zehn Minuten Schwitzen der Fall sein. Dann aber ist der Vorgang nicht zu bremsen. Der Körper holt sich die verbrauchte Energie zurück. Drei Stunden nach dem Laufen wird noch immer Fett verbrannt. Sie haben dann längst geduscht und sitzen wieder am Schreibtisch und nehmen noch immer ab.

- Essen Sie daher nach dem Laufen nichts Süßes. Sie werden dann länger nachglühen und mehr Fettzellen abbauen. Studien an Sportlerinnen konnten das belegen.

Nicht jeder läuft gern Marathon. Manchem ist sogar das Laufen zu viel. Wer es geruhsamer will, der kann walken.

Nordic Walking,
ist Spazierengehen mit Stöcken, quasi Langlaufen ohne Ski. Man stützt sich dabei mit zwei Wanderstöcken ab. Das hat angeblich zwei Vorteile: Erstens wird dadurch das Gewicht verlagert, was die Beine entlastet, und zweitens werden damit eine ganze Menge anderer Muskeln eingesetzt, die man sonst nicht verwendet.

Nordic Walking wird in der Regel von jenen Personen bevorzugt, die sich nicht fit genug fühlen, um zu laufen. Aber die meisten machen daraus keinen Sport, sondern einen Krieg. Sie boxen sich verbissen durch die Gegend, als müssten sie einen unsichtbaren Gegner einschüchtern, stoßen brutal die Stöcke in den Boden und belasten unnötig ihre Gelenke, nicht nur die Arme und die Schultern, sogar die Hüfte wird verkrampft. Es ist ein Modetrend, der auf der falschen Annahme beruht, dass der Körper durch die Stöcke entlastet wird, und einem das Gehen dadurch leichter fällt.

Das wurde jedoch durch neueste Studien widerlegt. Im Gegenteil, die Muskulatur verkrampft sich durch die oftmals zu lang eingestellten Stöcke und ermüdet viel rascher als wenn der Körper durch normale Armbewegung zusätzlich einen natürlichen Schwung bekommt.

Wem Nordic Walken zu militant, zu stramm und hektisch erscheint, der kann Wiener Schlenkern.

Wiener Schlenkern.
Das ist Nordic Walking ohne Stöcke. Schlenkern ist die neue Form von Walken. Diese Diät-Yoga-Technik hat sich bei meinen Lesern sehr rasch gegenüber dem Nordic Walken durchgesetzt.

Es ist rhythmisches rasches Spazieren gehen ohne die Behinderung durch Stöcke. Die befreite Bewegung der Arme bringt Ausgleich und Schwung. Man bewegt sich unbehindert, ohne Stöcke, die einem entspannten Gehen nur im Wege stehen.

Wer schlenkert, fühlt sich leicht, gelöst, gelockert und frei. Man bewegt nicht den Körper, sondern man fühlt sich selbst bewegt. Trotz geringerer Körperbelastung ist der Kalorienverbrauch der gleiche wie beim Nordic Walken. Das Gehen wird zu einer Meditation. Der Körper steht nicht mehr im Weg, sondern wird leicht, die Muskeln entspannen sich, es ist wie Laufen, aber weniger anstrengend. Trotzdem werden dabei reichlich Kalorien verbrannt.

Spazierengehen.
Sie brauchen nicht Laufen, Walken oder Schlenkern, Sie können genauso gut einfach nur spazieren gehen. Eine Stunde flottes Spazierengehen, und das Dessert vom Mittagessen ist verbrannt.

Sie sind nicht sportlich?
Es kommt nicht darauf an, wie schnell Sie laufen oder wie viele Runden Sie schaffen, sondern ausschließlich, wie lange Sie schwitzen. Sie können genau so gut Radfahren, Schnurspringen, Kniebeugen machen, tanzen oder den Garten umgraben. Auch Staubsaugen, Rasenmähen, Kacheln im Badezimmer putzen, Stiegen steigen, statt den Aufzug zu nehmen, und Gehen, statt mit dem Auto zu fahren, werden Ihnen beim Abnehmen helfen. Es spielt keine Rolle, ob Sie beim Sport, beim Wandern oder bei der Hausarbeit ins Schwitzen kommen. Sauna zählt natürlich nicht, denn da führen Sie die Hitze von außen zu. Nur die innere Hitze ist das Zeichen dafür, dass der Körper Kalorien abbaut, indem er etwas verbrennt.

Zu dick für Gymnastik?
Kein Mensch ist zu dick, um seine Muskeln zu gebrauchen. Dicke Menschen haben in der Regel sogar mehr Muskeln als dünne. Müssen sie doch den ganzen Tag zwanzig oder dreißig zusätzliche Kilos mit sich herumschleppen. Möglicherweise sind Ihre Glieder und Gelenke etwas versteift, aber solange Sie imstande sind, sich zu bewegen, können Sie Ihre steifen Glieder wieder dehnen und lockern und zusätzlich gezielt mit etwas mehr Bewegung mehr verbrennen.

Steife Glieder?
Sie sind kein Hindernis, im Gegenteil. Es ist an der Zeit, endlich etwas dagegen zu tun. Und das Beste, das Sie tun können, ist Bewegung. Leiden Sie unter Verspannungen oder haben Sie Gelenkprobleme, so werden diese mit mehr Bewegung am ehesten geheilt. Die Erfahrung zeigt, durch Bewegung verschwinden die meisten Rückenbeschwerden in kürzester Zeit. Die vernachlässigten Muskeln werden gestärkt und können die Bandscheiben und Gelenke entlasten.

Sie müssen nicht gleich mit Joggen beginnen. Gehen Sie einfach spazieren. Gehen Sie rhythmisch und schnell. Sobald Sie ins Schwitzen kommen, verbrennen Sie mehr als normal und verlieren Gewicht. Das kleine Dessert nach dem Abendessen können Sie mit einer Stunde sehr flottem Gehen wieder eliminieren.

Gymnastik. Machen Sie zusätzlich Gymnastik. Stellen Sie sich selbst geeignete Übungen zusammen, bei denen möglichst viele Muskeln beansprucht werden. Dazu gibt es unzählige Youtube Videos im Internet, und fragen Sie Ihren Arzt oder einen Physiotherapeuten nach geeigneter Fachliteratur. Erinnern Sie sich, es geht nicht nur darum, ins Schwitzen zu kommen, sondern Sie sollen dem Körper auch signalisieren, dass Sie Ihre Muskeln brauchen und verwenden. Nur so können Sie verhindern, dass beim Fasten Muskelmasse statt Fett abgebaut wird. Dazu sind aber keine außergewöhnlichen sportlichen Leistungen nötig.

Sie müssen dazu nicht in ein Fitness-Studio gehen. Der Fußboden, die Zimmerwand, jeder Türstock bietet Ihnen den gleichen Widerstand wie ein teures Gerät. Und jeder Muskel hat einen Gegenspieler. Sie tragen ein komplettes Fitnesscenter mit sich herum.

Liegestütz und Co.
Stellen Sie sich dazu ein ganz persönliches Übungsprogramm zusammen. Machen Sie sich zuerst durch Anspannen aller Glieder Ihre Muskeln bewusst. Stehen Sie einige Sekunden auf den Zehen und strecken Sie Ihren Körper. Wippen und mehrmals wiederholen. Nehmen Sie sich dann gezielt einen Muskel nach dem anderen vor. Anspannen, lockern. Später können Sie zu einfachen gymnastischen Übungen übergehen: Kniebeugen zum Beispiel. Einmal mit den Füßen eng beisammen, dann dreißig Zentimeter auseinander. Täglich zehn Mal. Vergessen Sie nicht den altbewährten Liegestütz. Der beansprucht bereits achtzig Prozent aller Muskeln.

Thera Band.
Oder nehmen Sie eines dieser speziellen Gummibänder, die Sportler anstelle der alten Expander verwenden. Das ersetzt ein halbes Fitness-Studio. Und wenn Sie nach einigen Wochen Ihre Muskeln spüren, dann beginnen Sie zu gehen. Und irgendwann werden Sie vielleicht auch zu laufen beginnen. Dann, Pfunde, ade! Da bleibt nichts übrig von ihnen. Schauen Sie sich einmal die schlanken Läuferinnen im Fernsehen an. Kein Gramm zu viel. Geht nicht, meinen Sie? Alles geht, wenn man will.

Isometrik.
Wie bereits erwähnt: Ganz gleich, wie dick Sie sind, Sie haben viel mehr Muskeln, als Sie denken. Um Ihre hundert Kilo zu bewegen, brauchen Sie nämlich viel mehr Kraft als ein schlanker Mensch für seine 55 Kilo. Unter Ihrem Fettdepot verbirgt sich daher ein ansehnlicher Muskelbau. Diesen müssen Sie gezielt aktivieren, damit Ihr Körper, wenn Sie fasten, das Fett und nicht die wertvolle Muskelmasse abbaut.

Viele Menschen können sich nicht richtig bewegen, weil sie krank oder einfach kraftlos sind. Wem Gymnastik zu anstrengend erscheint, der kann seine Muskeln auf sanfte Weise, nach der "progressiven Muskelentspannung nach Jacobson" aktivieren:

Spannen Sie einfach Ihre Muskeln an. Einem gedehnten Muskel fließt immer mehr Energie zu als einem entspannten. Nehmen Sie sich einen Muskel nach dem anderen vor. Anspannen, sechs Sekunden lang halten und dann wieder lockern.

Beginnen Sie am Morgen noch im Bett. Es genügen dafür zwei Minuten. Sie liegen auf dem Rücken. Strecken Sie die Füße lang, so weit Sie können. Erst den einen, dann den anderen. Mehrmals. Sie spüren, wie die Beine dabei länger werden. Dann spannen Sie die Bauchmuskeln an. Die Bauchdecke wird hart. Halten Sie das einige Sekunden und wiederholen Sie die Übung mehrmals. Heben Sie das Becken an. Die Bauchdecke ist noch immer gespannt. Das zieht bis in die Rückenmuskulatur und richtet verschobene Bandscheiben wieder ein. Sie werden das merken, weil Sie beim Aufstehen nicht die üblichen Rückenschmerzen spüren.

Ein Muskel, den Sie sechs Sekunden lang anspannen, wird dabei zehnmal mehr belastet und aktiviert, als wenn Sie mit ihm Bewegungssport betreiben. Das gilt übrigens auch, wenn Sie einen Muskel strecken.

Spannen Sie jeden Muskel, dehnen, beugen und strecken Sie sich und alle Ihre Glieder. Sie werden erstaunt sein, wie rasch Sie auf diese Art Ihre Kraft und Beweglichkeit zurückgewinnen und anstelle Ihres Übergewichts wieder das spüren, was Ihre überschüssigen Pfunde die ganze Zeit so brav getragen hat: Ihre im Fett verborgenen Muskeln. Selbst wenn Sie sich wirklich nicht gut bewegen können, ist das kein Grund, auf die Möglichkeit zu verzichten, mit Verbrennen abzunehmen. Mit dieser einfachen Technik gewinnen Sie Ihre Spannkraft zurück.

Fitness fängt beim Denken an.

Wer ständig denkt "ich bin kraftlos, müde und matt", darf sich nicht wundern, wenn er sich auch tatsächlich so fühlt.

- Denken Sie beim Treppensteigen nicht, dass es Sie anstrengt und müde macht, sondern machen Sie sich bewusst, wie Sie kraftvoll die Stufen meistern, und dass Sie das stärker macht.

Vitalität beginnt im Kopf. Auch Sporttrainer haben es entdeckt: Fitness fängt beim Denken an. Spitzensportler, die einen Teil Ihrer Trainingszeit, auf einer bequemen Liege, im Geist ihr Programm absolvieren, sind erfolgreicher als jene, die nur auf dem Sportplatz trainieren.

Denken Sie Lebenskraft und Sie tanken Lebenskraft. Legen Sie sich entspannt auf Ihr Bett und stellen Sie sich vor, Sie wären nur Geist ohne Körper. Fühlen Sie sich gelöst und leicht und konzentrieren Sie sich ganz auf das Atmen. Ohne Atem wären Sie tot. Ihr Atem belebt jede Körperzelle. Im Sauerstoff ist Lebenskraft und mit dem Atem holen Sie die Lebenskraft in sich hinein.

Stellen Sie sich vor, wie diese erfrischende Energie in Sie eindringt und Sie erfüllt. Mit jedem Atemzug strömt Vitalkraft in Sie ein und erfüllt prickelnd und stärkend Ihr ganzes Wesen. Seien Sie überzeugt, dass durch Ihre Vorstellungskraft die unsichtbare Energie auch tatsächlich in alle Ihre Glieder dringt. Nach fünf Minuten fühlen Sie sich davon förmlich durchtränkt. Halten Sie jetzt den Atem kurz an. Spannen Sie alle Muskeln und fixieren so die belebende Energie in Ihrem Körper. Es ist keine Einbildung, wenn Sie sich danach einige Stunden lang viel frischer und gesünder fühlen. Es ist Realität.

WIE WIRD MAN IN DER REGEL DICK?

Zunehmen werden Sie prinzipiell nur vom Essen. Auch wenn die Ursache für Ihren Appetit vielleicht genetisch bedingt ist, auf hormonellen Störungen beruht oder Sie als Kind von Ihrer besorgten Großmutter gemästet wurden. Von allein wird keiner dick, und als Fresssack ist auch noch niemand geboren worden.

Manche Menschen essen, weil sie Kummer haben, manche essen mehr im Stress. Für andere wieder ist es genau umgekehrt: Sie denken nicht an Essen, solange sie sehr beschäftigt sind, und wenn sie Sorgen haben, bringen sie keinen Bissen hinunter.

Überlegen Sie, seit wann Sie zunehmen. Begann es mit der Schwangerschaft, mit der Scheidung, nach einer Erkrankung oder nach einem Todesfall? Bekamen Sie vielleicht Medikamente gegen Depressionen? Die machen nämlich nicht nur gleichgültig, sondern auch hungrig.

Finden Sie heraus, wie Sie zu Ihrem Übergewicht gekommen sind. Mit großer Wahrscheinlichkeit liegt der Grund dafür heute gar nicht mehr vor. Also fragen Sie sich bitte, warum Sie heute noch immer noch so leben, als ob sich nichts geändert hätte.

Wenn Sie ganz ehrlich vorgehen, werden Sie zugeben müssen, dass Sie selbst schuld an Ihren überschüssigen Pfunden sind. Sie haben sich einfach längere Zeit gehen lassen. Einige Kilos sind die Folgen der verschiedenen Festtage der vergangenen Jahre, und der Rest hat sich ganz langsam aber stetig dazugesellt. Sie können daher dieses Übergewicht genauso wieder abbauen. Es liegt an Ihnen.

Sind Hormone schuld an Ihrem Fett?

Selbst wenn diese These stimmen sollte, wäre das kein Grund zu resignieren. Es ist zwar bekannt, dass bestimmte "männliche" Hormone mehr Muskelzellen bilden, sportlich aktivieren und rascher verbrennen lassen, was man isst, während die "weiblichen" Hormone den werdenden Müttern Reserven für eventuelle Notzeiten sichern sollen, aber zum Glück hat jede Frau auch männliche Hormone und jeder Mann genügend weibliche.

Sie müssen nur die Produktion jener Hormone anregen, die Sie wünschen. Das ist möglich. Wenn Sie zum Beispiel heftig erregt sind und sich trotzdem bemühen, ruhig durchzuatmen, werden Sie sich sehr bald auch innerlich beruhigen. Sie brauchen dazu keine Beruhigungsspritze, der Körper schüttet selbst die nötigen Botenstoffe aus.

Genauso wie der Körper bei Schmerzen schmerzhemmende Endorphine produziert, wird er, je mehr Sie ihn aktivieren, die analogen Hormone freisetzen, um durch vermehrte Verbrennung die nötige Energie zu gewinnen. Wenn Sie den Körper voll aufdrehen, wird er zuerst mit Erschöpfung reagieren, aber dann das körpereigene "Doping-Hormon" Erythropoetin bilden, das ihm mit der Bildung roter Blutkörperchen bei der vermehrten Verbrennung hilft. Sobald Sie also in sportlicher Bewegung sind, im "männlichen", kämpferischen Stress oder andere anstrengende Höchstleistungen vollbringen, verändert sich dementsprechend auch das Verhältnis zwischen den aktivierenden und beruhigenden Hormonen. Gemüt, Botenstoffe und Körperzustand stehen in ständiger Wechselwirkung und wirken aufeinander ein.

- Zwingen Sie Ihren Körper, mit sportlichen Aktivitäten, mehr zu verbrennen, dann wird er die benötigten Hormone bereit stellen und bald von selbst mehr verbrennen, auch dann, wenn Sie nicht auf vollen Touren laufen.

Das Belohnungszentrum.
Neurowissenschaftler haben im Gehirn ein Areal lokalisiert, das sie Belohnungszentrum nennen. Wenn es aktiviert wird, erlebt der Betreffende einen Genuss und fühlt sich befriedigt. Da wird etwas ausgeschüttet, das einen glücklich macht wie eine Droge.

Dahinter steckt ein einfacher Mechanismus: Sobald das geschieht, was man will, unabhängig ob Einsicht und Vernunft es für richtig halten oder nicht, wird man mit einem Gefühl der Lustbefriedigung belohnt. Dabei ist es dem Belohnungszentrum völlig gleichgültig, worum es geht. Es unterscheidet auch nicht, ob Sie es wollen, oder ob das Lustbegehren einer Körperregung in Form eines Suchtschemen etwas will und bekommt.

Das Belohnungszentrum unterscheidet nicht, ob Sie unter Lebensgefahr die Felswand hochklettern wollen oder sich mit einem Gleitschirm in den Abgrund stürzen wollen. Ob Sie eine Zigarette rauchen wollen, die Schokolade naschen wollen, die Pizza verspeisen wollen. Tun Sie was Sie wollen, und Sie werden, wenn Sie erreichen, was Sie wollten, befriedigt und belohnt.

Das bedeutet aber auch: Wenn Sie entscheiden, die Schokolade nicht essen zu wollen, die Zigarette nicht rauchen zu wollen, die Pizza nicht essen zu wollen, dann werden Sie, wenn es Ihnen gelingt, die Schokolade nicht zu essen, die Zigarette nicht zu rauchen, die Pizza nicht zu essen, genauso mit einem Glücksgefühl belohnt.

Wenn Sie erreichen, was Sie wollen, werden Sie belohnt. Sie müssen sich nur klarmachen, was Sie wollen. Was **S I E** wollen. Was Sie **J E T Z T** wollen.

Der Verzicht auf die Schokolade bedeutet nicht, dass Sie nie wieder Schokolade essen wollen. Aber jetzt wollen Sie der Versuchung widerstehen. S I E wollen, dass die Schokolade in der Naschlade bleibt, und wenn die Schokolade tatsächlich in der Naschlade bleibt, werden S I E mit einem Glücksgefühl belohnt. Mit einem bleibenden Glücksgefühl. Sie spüren Ihre Kraft und Ihre Willensstärke. Sie spüren Ihre Freiheit und Selbstbestimmung. Sie spüren sich selbst. Sie haben erreicht was S I E wollten. Dieses Gefühl bleibt Ihnen erhalten und belohnt Sie selbst und nicht die Schemen Ihrer Sucht.

Das Glücksgefühl nach dem Verzehr der Schokolade die Sie nicht wirklich essen wollten, erlischt dagegen sehr rasch und macht einem schalen Gefühl von Enttäuschung und schlechtem Gewissen Platz. Was von der Schokolade bleibt, ist kein Glücksgefühl, sondern das ungestillte Verlangen nach Genuss.

SO SCHLAGEN SIE DEM JOJO-EFFEKT EIN SCHNIPPCHEN

WIE ENTSTEHT DER JOJO-EFFEKT?

Jeder, der eine Diät gemacht hat, kennt diesen teuflischen Mechanismus. Zuerst nimmt man zehn Kilogramm ab, und sobald man wieder normal isst, nimmt man zwölf Kilogramm zu.

Wieso das kommt, ist leicht erklärt. Es ist ein Selbstschutz des Körpers, der das Überleben sichern soll. Drei Mechanismen hat sich die Natur dazu ausgedacht. Wenn Sie die kennen und beachten, können Sie den Spieß umdrehen. Es sind dies:

1. Der Spareffekt
2. Der Gewöhnungsfaktor
3. Der Verzögerungsmechanismus

Der Spareffekt

Wenn Sie fasten und abnehmen, so verlieren Sie garantiert nicht das Fett am Bauch, Po oder an den Oberschenkeln, sondern etwas von der Muskelmasse, die darunter liegt und dem Ganzen den letzten Halt geben könnte.

Der Körper verbraucht nämlich ständig Energie. Die größten Energieverbraucher sind die Muskeln. Je mehr Muskelmasse vorhanden sind, umso mehr Kalorien werden verbrannt. Ihre Muskeln verbrauchen sogar, während Sie schlafen, Kalorien. Um sich auch für Notzeiten abzusichern, legt sich der Körper einen Energiespeicher an. Das sind Ihre Fettzellen. Werden plötzlich keine Kalorien mehr zugeführt, glaubt der Körper, eine Hungersnot sei ausgebrochen, und reagiert entsprechend.

Was machen Sie in Notzeiten? Sie greifen nicht sofort auf Ihren Notgroschen zurück, sondern versuchen zuerst, dort etwas einzusparen, wo es geht. Können Sie sich weniger Energie leisten, dann drosseln Sie die Heizung, und in den Räumen, die Sie nicht bewohnen, drehen Sie sie ganz ab. Genau das macht auch der Körper. Er beginnt sofort, erstens die Energieverschwender, das sind die Muskeln, abzubauen, und zweitens wird er, jetzt erst recht, noch mehr Energie sparen und speichern, natürlich in Fettzellen. Wenn ein kluger Unternehmer weniger einnimmt, wird er auch Arbeitskräfte abbauen und mehr sparen als in Zeiten, wo das Geschäft gut geht. Er wird sparsamer wirtschaften, statt die Rücklagen aufzubrauchen. Und er wird zuerst jene Mitarbeiter entlassen, die ihn am meisten kosten und am wenigsten arbeiten. Bevor er auf einen Mann verzichtet, den er braucht, weil er beschäftigt ist, wird er lieber sein Aktiendepot verringern.

Genauso reagiert Ihr Körper. Muskeln, die ständig betätigt werden, tastet er nicht an. Da zehrt er dann doch lieber von seinem Fett.

Und genau hier liegt das Geheimnis einer erfolgreichen Diät. Der Körper baut nur jene Muskeln ab, die nicht betätigt werden. Wenn Sie beim Fasten Ihre schwabbeligen Fettdepots loswerden wollen, müssen Sie den Körper dazu bringen, diese gespeicherte Energie aufzubrauchen und umzuschichten, statt die haltgebenden Muskeln aufzuzehren. Sie müssen also Ihre Muskeln verwenden, betätigen und arbeiten lassen.

Fasten baut immer zuerst Muskelgewebe ab und nicht die Fettdepots. Um das zu vermeiden, betätigen Sie Ihre Muskeln.

Damit überlisten Sie diesen Mechanismus, denn Muskeln, die arbeiten, werden versorgt. Die Energie dafür wird zuerst aus der zugeführten Nahrung, Zucker und Kohlenhydraten, und bei längerer Arbeitsbelastung aus den Fettzellen gewonnen.

Der Gewöhnungsfaktor

Wenn Sie jedoch länger fasten, gewöhnt sich der Körper an die verminderte Energiezufuhr und stellt sich darauf ein. Das ist wie mit einem Automatikgetriebe beim Motor, den man auf einer Bergstrecke längere Zeit stärker belastet: Sobald er voll aufdreht, schaltet das Getriebe zurück und er strengt sich weniger an. Auch der Körper schaltet zurück und kommt dann mit weniger Kalorien genauso gut aus und fühlt sich sogar besser damit. Der verbleibende Überschuss wird als Reserve für Notzeiten in Fettdepots angelegt. Sobald Sie dann wieder regelmäßig "normal" essen, nehmen Sie erst recht wieder zu, denn der Körper hat sich bereits auf das Leben auf Sparflamme eingestellt und es bleibt daher viel mehr Überschuss als früher. Kein Konzern wird erfolgreiche Rationalisierungsmaßnahmen rückgängig machen – auch der Körper macht das nicht.

Sie dürfen also nie so lange fasten, dass sich der Stoffwechsel darauf einstellen kann. Denn bereits nach wenigen Tagen denkt der Körper an Hungersnot und schaltet zurück.

Dass der Umstellungsmechanismus immer einige Tage braucht, bis er schaltet, können Sie leicht feststellen. Er funktioniert nämlich in beide Richtungen. Sicher haben Sie auch schon bemerkt, dass man nicht sofort zunimmt, wenn man sündigt. Da waren Sie eingeladen, speisten mehr als üblich, dann der Geburtstag mit dem Sekt und dann das Firmenfest. Sie schlemmen bereits zwei, drei Tage und nichts geschieht. Doch dann, Sie halten sich längst wieder zurück, beginnen Sie plötzlich zuzunehmen.

Der Verzögerungsmechanismus
Sie müssen also nicht nur den Gewöhnungseffekt, sondern auch die Verzögerung berücksichtigen. Sie können diese sogar zu Ihrem Vorteil nutzen.

Der Körper stellt sich nämlich auch auf mehr Verbrennung ein, und es dauert eine Zeit lang, ehe er wieder zurückschaltet.

Sie brauchen daher nicht täglich zu laufen oder zu turnen, drei-, viermal in der Woche genügt. Sie werden trotzdem, auch an den sportfreien Tagen, mehr als sonst verbrennen.

Sie dürfen den Körper gar nicht täglich voll auf Touren bringen. Alles, was andauert oder sich regelmäßig wiederholt, führt zu Gewöhnung. Denn nach einiger Zeit hält Ihr Körper Sie für einen Sportler und baut mehr Muskelzellen auf, als Sie für die paar Runden, die Sie laufen, brauchen. Genauso wie er Fettzellen anlegt, sobald er glaubt, es herrscht eine Hungersnot, lässt er Ihre Muskeln wachsen, wenn er glaubt, Sie sind ein Leistungssportler. Mehr Muskelzellen verbrauchen zwar auch mehr Energie, aber sobald Sie aufhören, Sport zu betreiben, werden diese nicht mehr verwendeten Muskelzellen die ersten sein, die sich in Fettzellen umwandeln.

Es ist schon richtig, abnehmen kann man am schnellsten, wenn man sich bewegt und mehr verbrennt. Wenn Ihre Kondition es zulässt, könnten Sie, indem Sie täglich eine Stunde laufen, garantiert ein Kilogramm pro Woche verlieren. Aber der Körper stellt sich nach einiger Zeit darauf ein. Soweit Sie nicht vorhaben, monatelang mit Hilfe der Verbrennung abzuspecken, müssen Sie verhindern, dass er Sie für einen Sportler hält.

Bringen Sie also den Mechanismus der Gewöhnung durcheinander. Verwirren Sie Ihren Organismus, indem Sie unregelmäßig fasten und unregelmäßig verbrennen, und tauschen Sie diese beiden Methoden auch untereinander immer wieder aus.

Die Verwirrungstaktik

Mit der Verwirrungstaktik werden Sie langsam aber sicher Ihr Gewicht herunterschaukeln:

Vermeiden Sie den Spareffekt, indem Sie nie länger als drei Tage extrem fasten. Schalten Sie den Gewöhnungsfaktor aus und nützen Sie den Verzögerungsmechanismus, indem Sie unregelmäßig fasten, zwischendurch gut essen, und viel, aber nicht täglich, Sport betreiben. Mit dieser Verwirrungstaktik bringen Sie den Mechanismus, auf dem der Jojo-Effekt beruht, völlig durcheinander.

Mit der Jojo Kurzdiät drehen Sie den Spieß um und nutzen genau jene Mechanismen, auf denen der Jojo-Effekt beruht, aber in der umgekehrten Richtung.

Die Jojo Kurzdiät sieht deshalb auch vor, dass Sie zumindest eine Mahlzeit am Tag zu sich nehmen. Nur so können Sie verhindern, dass sich der Stoffwechsel auf die verminderte Kalorienzufuhr einstellt. Bei absoluter Nulldiät schaltet der Körper nämlich sehr rasch auf Sparflamme. Sie würden jedoch, auch wenn Sie durchfasten, nicht mehr abnehmen. Mehr als achtzig Gramm am Tag können Sie von Ihrem Körperfett nicht loswerden. Was Sie darüber hinaus an Gewicht verlieren, ist auf den Flüssigkeitsverlust zurückzuführen, über den der Körper sich zu entlasten versucht, und das nehmen Sie sofort wieder zu.

GEWICHTSKONTROLLE

DIE GEWICHTS-GRAFIK

Gewichtskontrolle ist die erste Voraussetzung, damit Sie den Überblick nicht verlieren. Tragen Sie jeden Morgen Ihr Tagesgewicht in die Gewichtsgraphik ein. Durch die tägliche Kontrolle des Abstandes zu Ihrem Höchstgewicht wird die Waage als Messfühler zu einem wirkungsvollen Teil des Thermostaten, der verhindert, dass Sie ungezügelt zunehmen.

Legen Sie zwei Gewichtsgrafiken an. Eine, in die Sie Ihr tägliches Gewicht eintragen, und eine zweite, in der Sie das Durchschnittsgewicht der letzten Woche vermerken. Auf diese Weise können Sie den Verlauf Ihrer Gewichtskurve genau verfolgen.

Die Jojo Kurzdiät wird bald zu einer Essgewohnheit

Der Unterschied zu den herkömmlichen Diäten wird aus dem Gewichtsverlauf in der nachstehenden Graphik sofort ersichtlich. Bisher hungerten Sie sich in vielleicht vier Monaten von fünfundachtzig Kilo auf siebzig hinunter und brachten mit Sicherheit fünf Monate später neunzig Kilo auf die Waage.

Gewichtsverlauf bei einer herkömmlichen Diät

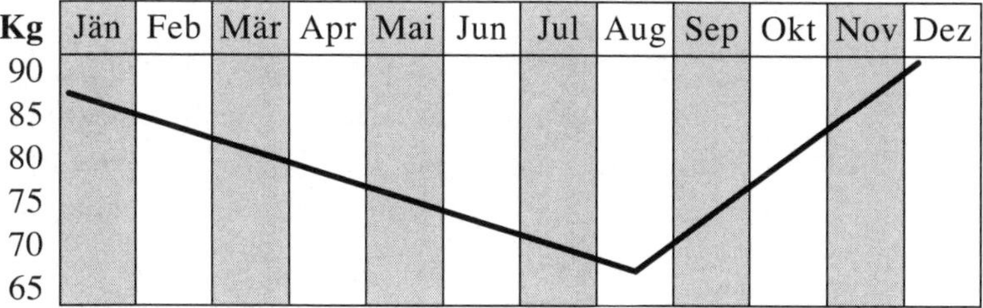

Ganz anders mit der Jojo Kurzdiät.
Sie hungern höchstens vierundzwanzig Stunden und geben so dem Jojo-Effekt keine Chance. Es dauert dafür einige Monate länger, bis Sie auf siebzig Kilo unten sind, dafür aber hält das Gewicht.

Gewichtsverlauf bei der Jojo Kurzdiät

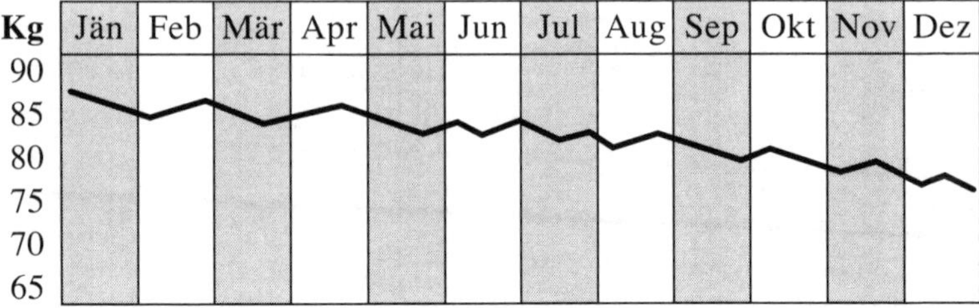

Die Jojo Kurzdiät ist zwar die kürzeste Diät, die es gibt, sie wird immer nur für jeweils 24 Stunden festgelegt und spätestens nach drei Tagen unterbrochen. Aber wenn Sie sich einmal daran gewöhnt haben, werden Sie sich ein Leben lang daran orientieren.

- Ihr Ziel ist nicht, möglichst rasch möglichst viel abzunehmen.

Richten Sie Ihre ganze Aufmerksamkeit lieber auf den Abstand, der zwischen Ihrem tatsächlichen Gewicht und dem Höchstgewicht, das Sie sich genehmigen, besteht. Der Spielraum dazwischen entscheidet, wie Sie jeweils Ihren Diätablauf gestalten müssen. Je näher Sie an die gesteckte Obergrenze kommen, umso mehr müssen Sie fasten oder verbrennen, und je größer der Abstand ist, umso mehr dürfen Sie sich gehen lassen.

- Erst wenn Sie zehn Tage lang Ihr Alarmgewicht nicht überschritten haben, senken Sie, wenn Sie wollen, Ihr Wunschgewicht, und damit auch Ihr Alarm- und Höchstgewicht um ein weiteres Kilo ab.

Sie werden dazu wieder intensiver fasten und verbrennen müssen. Am besten beginnen Sie am Abend. Am nächsten Morgen verbrennen, also laufen oder turnen bis zum Schwitzen und mindestens 20 Minuten weitermachen. Wenn Sie dann bis zum Mittag nichts essen, haben Sie bereits achtzehn Stunden geschafft und dürfen sich ein "vernünftiges Essen" (kein Schlemmerdinner) genehmigen. Eine zweite kleine Mahlzeit am Abend. Am nächsten Tag versuchen Sie, 24 Stunden zu fasten und so viel zu verbrennen, wie es Ihre Kondition erlaubt. Am Abend ist wieder ein vernünftiges Essen erlaubt. Wenn Sie alle drei Möglichkeiten, vernünftig essen, weniger essen und mehr verbrennen, voll ausschöpfen, wird sich der Erfolg bereits am dritten Tag auf der Waage zeigen.

- Gönnen Sie sich jetzt einen Tag Pause und machen Sie dann so lange weiter, bis Sie zum neuen Höchstgewicht wieder einen Abstand von mindestens einem, besser aber zwei Kilogramm erreicht haben.

Danach schalten Sie auf zwei Mahlzeiten täglich und zwei- bis viermal "verbrennen", also 10 bis 20 Minuten Laufen oder Turnen, pro Woche zurück. Zwischendurch legen Sie jedoch immer wieder sowohl diätfreie Tage, an denen Sie normal essen, als auch volle Fastentage ein. Zumindest ein richtiger Sporttag pro Woche – Laufen, Wandern oder Gymnastik – sollte jedoch beibehalten werden. Die Zacken Ihrer Gewichtskurve werden jetzt nur noch im Grammbereich sein.

- In den Perioden dieser sanften Diättage werden Sie höchstens ein halbes Kilo im Monat verlieren oder überhaupt nur Ihr Wunschgewicht halten. Aber mehr soll es auch gar nicht sein, denn:

Die Jojo Kurzdiät ist in erster Linie eine Lebensweise und keine Schlankheitskur. Es liegt ganz an Ihnen, wie lange Sie diese Schonzeit jeweils einhalten und wann Sie – falls es noch nötig ist – Ihr Höchstgewicht weiter absenken, um die nächsten Pfunde abzubauen.

DAS THERMOSTATGEWICHT

Der häufigste Fehler, der bei einer Diät gemacht wird, ist die Übertreibung. Wie bei allem auf der Welt ist das Üble immer das Zuviel oder das Zuwenig. Das Gute liegt in der Mitte, im Bewahren des Gleichgewichts zwischen Esslust und Magersucht. Daher ist jede radikale Fastenkur genauso schlecht wie das große Fressen zuvor. Das ist nicht nur philosophisch betrachtet so, sondern hat einen ganz konkreten Grund. Der Organismus regelt nämlich normalerweise sein Gewicht ganz von selbst. Die wenigsten wissen, dass es diesen Gewichtsthermostat gibt.

- Jeder hat ein persönliches Thermostatgewicht

So wie der Körper über einen inneren Thermostat die Körpertemperatur regelt und auf cirka 37 Grad fixiert, verfügt er auch über einen Thermostat, der das Körpergewicht regelt. Er stellt sich dabei auf jenes Gewicht ein, das Sie in der letzten Zeit im Durchschnitt am längsten wogen. Nur wenn der Regelkreis durch verschiedene Vorgaben aufgrund extremer Gewichtsveränderungen durcheinander gebracht wird, gerät er außer Kontrolle und der Jojo-Effekt macht sich bemerkbar. Sobald Sie jedoch die Funktion dieses Kontrollmechanismus wieder herstellen, indem Sie längere Zeit extreme Gewichtsschwankungen vermeiden, wird er sich ganz von selbst auf das jeweilige Durchschnittsgewicht einstellen.

Selbst wenn Sie dann über mehrere Tage hinweg sündigen und etwas zunehmen, wird Sie der Gewichtsthermostat durch mehr Verbrennen vor einer dauernden Gewichtszunahme schützen und sich von selbst wieder auf Ihr Wunschgewicht einpendeln.

Deshalb ist es wichtig, dass Sie keine großen Schwankungen Ihres Gewichts zulassen und lieber nur ein Kilogramm im Monat als ein Kilogramm in der Woche abnehmen.

Geben Sie Ihrem Gewichtsthermostat die Chance, sich auf ein niedriges Durchschnittsgewicht einzustellen. Je länger Sie es halten, umso geringer ist später die Gefahr, dieses zu überschreiten.

Ein Gewicht, das Sie einige Monate lang halten, ist für den Gewichtsthermostat bereits eine zwingende Vorgabe, auf das er sich auch ohne Diät einige Monate lang einstellt.

Umgekehrt merkt er sich auch sehr genau das durchschnittliche Höchstgewicht der letzten Jahre. Wenn Frauen nach einer Geburt in der Regel nicht mehr Ihr ursprüngliches Gewicht erreichen, so liegt das weniger an der hormonellen Umstellung, sondern ganz einfach daran, dass das durchschnittliche Höchstgewicht der letzten zwölf Monate um zehn Kilo höher war als normal.

Behalten Sie daher stets neben dem Alarmgewicht auch das Thermostatgewicht im Auge. Es ist das Durchschnittsgewicht der letzten Monate. Sobald sich Ihr Wunschgewicht mit dem Thermostatgewicht deckt, können Sie sicher sein, dass Sie es geschafft haben und in Zukunft niemals wieder mit Gewichtsproblemen kämpfen müssen.

Einsam oder gemeinsam fasten?

Sicher haben Sie schon von den "Weight-Watchers" gehört. Da treffen sich einmal in der Woche Übergewichtige, die abnehmen wollen, steigen auf die Waage, tauschen Erfahrungen und Kochrezepte aus, und für die meisten funktioniert dieses System tatsächlich wunderbar. Sie nehmen wirklich ab.

Mit Gleichgesinnten kann man leichter fasten. Viele Leser meiner Bücher treffen sich regelmäßig zu gemeinsamen Meditationen oder Gesprächsrunden und finden in der Gemeinschaft die nötige Kraft und Zuversicht, um die anstehenden Probleme besser zu meistern.

So haben sich auch Diät-Runden gebildet, wobei sich zeigte, dass die Gemeinschaft Gleichgesinnter besonders motivierend auf die Teilnehmenden wirkt.

Frau Brigitte O., sie ist 65 Jahre alt und musste aus gesundheitlichen Gründen unbedingt zwanzig Kilo abnehmen, schaffte das in der Jojo Gruppe in genau 12 Monaten: "Zuerst weihte ich nur meine Nachbarin ein", schrieb sie mir, "dann brachte die ihre Schwester mit, und heute sind wir ein Kreis von sieben fröhlichen alten Damen, die gemeinsam bereits 156 Kilo verloren haben. Wir sind eine richtige verschworene Gemeinschaft geworden und ich möchte unsere Abende nicht mehr missen."

Bilden auch Sie so einen Zirkel und gehen Sie zusammen mit anderen den Weg. Gemeinsam schafft man vieles leichter als einsam.

LUSTVAMPIRE & GEISTSCHMAROTZER UND WIE MAN SIE ERFOLGREICH BEKÄMPFT

DER "WILL MEHR - EFFEKT"

Vorstellungen sind wie kleine Geister. Gedankenbilder können lästige Vampire, aber auch Hilfsgeister sein. Denken Sie an die gute Pizza von gestern, werden Sie hungrig. Denken Sie an die Torte, die Sie sich heute Abend genehmigen werden, kommt Lust auf Süßes auf. Denken Sie an die Cola im Kühlschrank, ist Durst vorprogrammiert.

Denken Sie lieber, dass Sie sich mit weniger Essen viel wohler fühlen. Denken Sie daran, dass Sie, wenn Sie fasten viel wacher und aktiver sind. Denken Sie an die Willensstärke und Zufriedenheit, die Sie nach einem Diättag erfüllt. Rufen Sie sich das Positive am Fasten in Erinnerung und nicht das Essen, das Ihnen gerade fehlt. Auch damit wecken Sie Geister, und zwar solche, die Ihnen hilfreich zur Seite stehen.

Denken Sie also niemals an Essen. Am einfachsten gelingt das, wenn Sie sich, wie an den Diättagen, nur zwei Mahlzeiten am Tag genehmigen. Da wissen Sie, in 6, oder 12, oder 18 Stunden gibt es etwas zu essen und dazwischen gibt es nichts. An Diättagen kommen Sie gar nicht in Versuchung zu überlegen, ob Sie sich ein Häppchen genehmigen sollen oder nicht.

Aber sobald Sie die Möglichkeit einer Zwischenmahlzeit nicht ganz entschieden ausschließen, wird der Gedanke an Essen nicht verschwinden und Sie zuletzt doch überrumpeln und schwach werden lassen. Und wenn Sie schwach werden und irgendwann am Vormittag, oder am Nachmittag, zwischendurch einen Kaffee mit Kuchen, oder eine Banane, oder einen Apfel verspeisen, dann kommt Hunger auf und Sie werden bis zur nächsten Mahlzeit die Lust auf Essen nicht los. Zurückzuführen ist das auf den "Will mehr - Effekt".

Dieses Phänomen hat zwei Ursachen. Erstens, weil der Körper nach dem Kuchen oder Obstkonsum Insulin ausschüttet und zur Aufarbeitung noch mehr Zucker braucht, und zweitens, weil Sie durch das Geschmackserlebnis einen Lustvampir weckten und fütterten, der jetzt ebenfalls mehr von dem Süßen will. Der will weiter naschen, denn auf Naschen beruht ja seine ganze Existenz.

Übergewicht ist fast immer auf diesen "Will mehr - Effekt" zurückzuführen. Wer nicht zeitgerecht den Kampf mit seinen Suchtschemen aufnimmt, und zwischen den Mahlzeiten rigoros auf Naschen und Essen verzichtet, schlittert immer tiefer in diesen Gedankenkreislauf - essen essen essen - hinein. Schwer übergewichtige Patienten berichten übereinstimmend, dass sich zum Schluss im Kopf alles nur ums Essen dreht. Das dauernde süße Limonaden Nuckeln, der Chips- Konsum bis zum Ende der Tüte, die Naschlust vor dem Fernseher in der Nacht ist nur der Beginn. Nach der Naschlust kommt Esslust und danach ist ständiger Hunger präsent.

Sobald Sie die Vorstellung von der Schokolade, nicht nur im Gehirn als Gedanken, sondern auch am Gaumen als Leckerli verwirklichen, ist der Geist aus der Flasche. Das Verlangen ist da und lässt Sie nicht mehr los.

Denn immer, wenn Sie naschen, nascht ein Naschvampir mit: Wenn Sie den Kuchen essen, wenn Sie Schokolade kosten, wenn Sie die Cola trinken, immer nascht ein Suchtschemen aus Ihrem Unterbewusstsein, den Sie mit der Geschmacksempfindung wecken, mit und will mehr. Immer mehr.

Diesen "Will mehr - Effekt" kann man nur mit der "Du kriegst nichts-Technik" verhindern. Geben Sie ihm nichts und er wird verhungern, füttern Sie ihn weiter, hat es üble Folgen für Sie.

Er isst Ihnen nämlich nicht den Kuchen oder die Schokolade weg, sondern die **Willenskraft**, die Sie ihm überlassen, sobald Sie ihm gestatten, dass er über Ihren Köper bestimmt. Sie wollten seinem Lustbegehren nicht widersprechen, weil Sie selber Süßes mögen. Nun badet der Schemen in Ihrem Genuss, wie ein Schwamm im Wasser, und entzieht Ihnen dabei noch mehr Ihrer Entschlusskraft und Vitalenergie. Deshalb fühlen Sie sich nach dem Essen, oder einer Naschattacke, erschöpft. Nicht die üppige Mahlzeit macht Sie müde, sondern der Lustvampir hat Ihre Lebenskraft ausgesaugt. Ihr Wille ist für eine Zeitlang weg. Sie sind nicht befriedigt, sondern enttäuscht und frustriert. Das betrifft nicht nur die Nasch- und Esslust, auch hinter Zigaretten und Alkohol lauern Schmarotzer und warten, dass Sie gefüttert werden.

Besonders dramatisch wirkt sich der "Will mehr - Effekt" bei Drogenkonsum aus. Wer sich den Problemen des Lebens nicht stellt, und anstelle seinen Verpflichtungen nachzukommen in Traumwelten flieht, ist bald zu schwach, um sich von den Schemen zu befreien. Da bleibt keine Energie, um das Leben erfolgreich zu gestalten. Der Körper, die Gedanken und die Gefühle werden nur mehr von Lustbegehren gelenkt.

Geister oder Reflexe im Gehirn?

Leser, die sich als selbstbewusste Geistwesen sehen, werden mit dem Geistermodell, das Begierden als eigenständige kleine Geister definiert, kein Problem haben. Sie wissen, dass auch sie selbst mehr sind als eine neuronale Entladung auf der Gehirnrinde, die sich von anderen neuronalen Entladungen verdrängen lässt. Wer sich selbst als Geistwesen erkennt, wird sich weder von unbewussten Entladungen, noch von bewussten Geistern verdrängen lassen.

Ganz gleich, ob Sie in den Regungen, die Sie bedrängen und verführen, aufdringliche Schmarotzer oder neuronale Entladungen sehen, der Energieabfall nach einer Lustbefriedigung und der "Will mehr - Effekt" nach einer Verkostung, sind Tatsachen und nicht zu übersehen. Es ist ein Phänomen, das jede Diät zunichte macht.

Doch ganz gleich, was dahintersteckt, eine Lustattacke ist leichter abzuwehren, wenn man sich unter seinem Gegner etwas vorstellen kann. Zum Beispiel einen Vampir oder Geistschmarotzer. Auch wenn der sich über Hormone und elektromagnetische Impulse im Gehirn bemerkbar macht, einen Schemen kann man personifizieren, quasi in ein Bild, in eine Vorstellung bannen, das sich dann wegschieben lässt.

Ein "Schemen" ist leichter zu vertreiben als ein Neuronenfeuerwerk im Gehirn, unter dem man sich nichts vorstellen kann. Diesen Trick nutzen ja auch die Psychotherapeuten, wenn sie "Komplexe" aufdecken und benennen, um Neurosen zu erklären und die Patienten davon zu befreien.

Sie sind der Chef, der entscheidet, was geschieht!

Machen Sie sich immer bewusst, dass Sie über Ihren Körper bestimmen und entscheiden, ob er isst oder raucht oder nascht. Machen Sie sich bewusst, dass Sie eine selbstbestimmte Persönlichkeit sind, und distanzieren Sie sich von Ihren inneren Gegner.

Verwenden Sie zur Bekräftigung Rituale und nützen Sie den Mechanismus der Macht der Gewohnheit. Auch in Gewohnheiten steckt ein kleiner Geist. Zum Beispiel im "Zahnputzritual." Nach dem Abendessen und einigen kleinen Naschereien putzt man sich die Zähne und danach gibt es nichts mehr, absolut nichts. Das weiß bald auch Ihr Körper, und die lästigen Gustogeister lassen sie in Ruhe.

Aber wenn Sie essen, essen Sie bewusst und mit Vergnügen, haben Sie nie ein schlechtes Gewissen, wenn es Ihnen schmeckt. Denken Sie beim Essen nicht daran, dass es sich um Kalorien handelt, die gespeichert werden könnten, denken Sie, es sind Ballaststoffe, die Ihren Magen füllen und Sie sättigen, und der Rest ist Brennstoff, der Sie, wie die Kohle eine Lokomotive, aufheizen und aktivieren wird. Denken Sie, wie gut es Ihnen schmeckt, und genießen Sie jeden Bissen. Freuen Sie sich dabei auch ganz bewusst über Ihre Diäterfolge, die Sie haben und über das neue Lebensgefühl.

Auch unsere Nachbarin nahm, bevor Sie mit der Jojo Kurzdiät begann, zu und ab wie der Mond und war eigentlich trotzdem immer viel zu dick. Aber seit zwei Jahren hält sie Ihr Idealgewicht und weiß, dass sie es weiterhin halten wird. Gerade als ich diese Zeilen schrieb, brachte sie uns einen frischen Apfelstrudel und sagte dazu: "Wissen Sie, ich habe in meinem Leben schon viele Tonnen abgespeckt. Dass ich wieder Kuchen essen darf und trotzdem so problemlos mein Gewicht halten kann, verdanke ich nur Ihrer Jojo Kurzdiät." Und dann fügte sie noch etwas Wichtiges hinzu. Sie sagte: "Ich denke jetzt viel mehr an mein neues Aussehen als ans Essen, dieses neue erfrischende Lebensgefühl befriedigt mich viel mehr als früher die Süßspeisen und Kuchen."

Die Jojo Kurzdiät bewirkt nämlich mehr als nur Gewichtsreduktion. Sie vermehrt Ihre Geisteskraft und Vitalität. Das hat positive Auswirkungen auf das ganze Leben. Sie werden es bereits nach kurzer Zeit merken: Sie schaffen plötzlich mehr, haben auch in anderen Lebensbereichen Erfolge, die Stimmung bessert sich, Ihr Schicksal scheint sich auf geheimnisvolle Weise zu verändern.

Es geht nicht nur um Ihren Körper

Die Jojo Kurzdiät wird nicht nur Ihre Figur, sondern auch Ihr Leben verändern. Nicht nur Ihr Körper, auch Ihr Geist und Ihre Seele werden mit dem neuen Körper, den Sie sich schaffen, gleichsam wiedergeboren. Denn das, was Sie ab heute machen, ist schöpferisches Tun. Die Jojo Kurzdiät ist keine freudlose, asketische Fastenkur, sondern eine neue Lebensphilosophie, eine "Diät-Magie" für ein erfülltes Leben.

Da Sie ab jetzt bewusst – und täglich aufs Neue – entscheiden, ob Sie Ihren Körpergelüsten sklavisch folgen wollen, oder Ihrem Willen, bauen Sie nicht nur Kilo um Kilo ab, sondern bezwingen Ihre Triebe und befreien sich von dem, was Sie unfrei macht. Mit jeder Verlängerung der Diät tun Sie bewusst, das was S i e wollen, und keine Macht der Welt wird Sie in den folgenden 24 Stunden daran hindern können.

Sobald Ihnen klar ist, dass Sie damit nicht nur Ihr Äußeres, sondern auch Ihr Innenleben, Ihr wahres, geistiges Selbst, das den Körper einmal überleben wird, stärken und veredeln, führt Sie die Jojo Kurzdiät zu Ihrem geistigen Fundament, zu Ihrem wahren geheimnisvollen ICHBIN.

Denken Sie: "Ich BIN". Identifizieren Sie sich mit diesem Gedanken. Machen Sie sich bewusst, dass Sie sind. Dass Sie kein geistloser Zombie, kein flüchtiger Bewusstseins-Reflex, sondern das Bewusstsein selbst sind: Ein Geistwesen, das in diesem Körper steckt, aus dem Sie die Umwelt betrachten.

Identifizieren Sie sich mit dem Gedanken "Ich BIN". Sie werden sich spüren und bewusst erleben, vielleicht nur eine Sekunde, weil sich dann gleich wieder andere Gedanken vor das Bewusstsein schieben, aber Sie bewahren sich in Erinnerung. Es ist wie eine

Geburt. Sie werden geboren, ohne, dass Sie vorher gestorben sind.

Lokalisieren und fixieren Sie auf die gleiche Weise den raumlosen, zeitlosen Punkt, aus dem Ihr Wollen quillt, wenn Sie entscheiden: "Ich will". An diesem geheimnisvollen Ort identifizieren Sie sich mit sich selbst. Diese Begegnung mit sich ist wie ein Erwachen, erfrischend, beglückend und kann den ganzen Tag über spürbar sein. Sie fühlen sich wirklich wie neugeboren und werden nicht nur die vorgenommene Diät, sondern auch alle anderen Vorhaben für den Tag mit Zuversicht und frischer Leichtigkeit erledigen.

- Jedes Mal, wenn Sie eine Essattacke abwehren, nein sagen zu der Schokolade, die Sie gerade naschen wollten, und der verführerischen animalischen Regung widerstehen, etwas in sich hineinzustopfen, erringen Sie einen Sieg über eine fremde Macht. Gleichzeitig geht die Energie des geplatzten Schemen, den Sie damit überwunden haben, auf Sie über. Je bewusster Sie das jedes Mal erleben, umso fester bleibt diese Kraft in Ihnen verankert und umso leichter wird es Ihnen fallen, der nächsten Versuchung zu widerstehen.

- Machen Sie sich einen Sport daraus. Trainieren Sie ab jetzt bewusst Ihre Geist- und Seelenmuskeln, geben Sie Ihrem Dasein den Sinn, diese zu kräftigen, und das Fasten wird für Sie ein tägliches Erfolgserlebnis sein. Wenn Sie sich dann zwischendurch zur Entspannung an diätfreien Schlemmertagen verwöhnen, werden Sie Ihr Essen doppelt genießen können.

Das Kraftwerk des Geistes

In der Lust am Genuss, ganz gleich ob es sich um das Essen, Naschen, Rauchen oder Trinken handelt, steckt die gleiche Energie wie in der persönlichen Willenskraft. Sie wird jedoch nicht von Ihnen, sondern von Schemen also von Ihren Gedanken und Gefühlskomplexen eingesetzt. Sie wurde Ihnen entzogen, gestohlen, abgenommen. Dass das möglich ist, beruht auf der Tatsache, dass die Schemen genauso Teile von Ihrem Wesen sind, wie Ihre Körperzellen. Auch sie gehören zu Ihrem Lebensbereich, werden von Ihnen ernährt und erfüllen bestimmte Aufgaben, zum Beispiel bewirken sie die Lust auf essen und trinken, damit Sie nicht verhungern.

Aber die Schemen entziehen Ihnen Energie und werden immer mächtiger und stärker. Wenn man sie nicht kontrolliert, entarten sie, und aus einem Bedürfnis wird eine Gewohnheit und aus der Gewohnheit eine Sucht.

Dieses Phänomen betrifft nicht nur die Lust- und Suchtschemen oder die Trägheitsschemen, die Sie faul machen und lähmen. Alle Regungen machen sich selbständig und wachsen einem früher oder später über den Kopf, wenn man sie nicht ständig überwacht. Internetsucht, Spielleidenschaft, Sammelwut, selbst die Lust aufs Laufen wächst mit der Zeit und entartet in einem sinnlosen Marathon. Früher oder später wird aus jeder Gewohnheit eine Sucht, die wieder eingedämmt werden muss, damit man die Energie zurückgewinnt.

Jede Selbstbeherrschung, jede Überwindung, jeder Verzicht stärkt die Geistesmuskeln, aber wenn man will, dass einem die Kraft erhalten bleibt, muss man sich den Sieg bewusst machen. Es ist nicht das selbe, ob man die Pizza nicht isst, weil keine im Gefrierfach liegt oder weil man Diät-Yoga betreibt und bewusst darauf verzichtet. Wer sich morgens aus dem Bett quält und aufsteht, weil er sonst seinen Job verliert, verliert die Energie an einen "Angst-vor-dem-Chef - Schemen." Wer sich dagegen bewusst macht, dass er damit gleichzeitig seinen Willen stärkt und Geisteskraft gewinnt, hat selbst den Trägheitsschemen überwunden und dessen Energie in seinen Willen integriert. Und wenn er, um seine persönliche Macht und Freiheit zu demonstrieren, um fünf Minuten früher als in der letzten Sekunde aus den Federn schlüpft, gewinnt er mit dieser Entscheidung noch mehr von der wertvollen Energie.

GÖTTER, GENIEN UND DÄMONEN

DIE MACHT DES GEISTES UND DER GEISTER

Dieses Buch ist Teil des zwölfbändigen Werkes: "Magie und Mystik im 3. Jahrtausend" und beschäftigt sich auch mit dem Geist und mit geistigen Wesen. In der Magie gibt es für jede Macht und Kraft in diesem Universum einen Namen, und als Symbol für die Qualität ein Zeichen, auch Siegel genannt. Die hermetische Tradition personifiziert diese Mächte und nennt sie Götter, Genien und Dämonen. In der Christlichen Religion beschreibt man diese Wesen als Engel.

Es gibt nicht nur die Schutzengel, die auf kleine Kinder aufpassen, damit sie nicht in Schluchten stürzen, es gibt für alle Gefahren und Probleme eine zuständige geistige Intelligenz. Auch für Gesundheit und Suchtprobleme. Heute sind mehr Menschen durch die Folgen von Übergewicht, Bluthochdruck oder Diabetes gefährdet als durch Unfälle im Wald. Nach den Überlieferungen der hermetischen Tradition gibt es für jeden Lebensbereich zuständige Intelligenzen, die die Menschen inspirieren, das besondere Thema, das sie vertreten, umzusetzen. Technische Erfindungen, medizinische Erkenntnisse, philosophische Einsichten, Kochen, Landwirtschaft, Kinderspielzeug, Pharmazie usw. Auch das Wissen für die digitale Technik: Fernseher, Handy, 3D-Drucker und vieles mehr stammt aus den Sphären dieser Genien und wird den Programmierern, Mathematikern und Konstrukteuren von diesen Wesen eingegeben.

Wenn Sie nicht daran glauben, dass es Genien gibt die die Menschen inspirieren, können Sie das nächste Kapitel überspringen. Der verblüffende Erfolg von Diät-Yoga ist auch ohne Esoterik, mit Erkenntnissen aus der Psychologie und Neurologie, über die psychophysischen Mechanismen des Bewusstseins wissenschaftlich zu erklären.

Trotzdem sollten Sie sich fragen, wer bereits vor Millionen Jahren die biologischen 3D-Drucker ersonnen hat, die Jahr für Jahr Äpfel, Nüsse, Weintrauben und Mangos drucken? Wer hat die Software dazu entwickelt? Wer hat die Hardware konstruiert? Ganz zu schweigen von dem lebendigen Drucker, der in nur neun Monaten ein denkendes, Bücher schreibendes, Musik komponierendes Gerät herstellt, das sich selber reparieren und vervielfältigen kann. Es ist absurd zu glauben, im Laufe der Zeit wären diese hochkomplexen Konstruktionen zufällig entstanden, quasi sinnvolle Kaleidoskope aufgrund von Kollisionen und Verschiebungen im atomaren und molekularen Bereich. Da müssten sich doch neben den Mineralien und Diamanten auch Texte im Gestein der Berge kristallisieren, und Musik CDs auf den Bäumen wachsen.

Wer diese Schöpfung mit seinen Geschöpfen für ein Zufallsprodukt blinder Energien hält, ist weitaus wundergläubiger als jemand, der an Engel und Genien glaubt, die am Bau und am Erhalt des Universums, aus dem Leben und Bewusstsein quillt, beteiligt sind.

Zwei Kraftquellen werden durch Diät-Yoga erschlossen: Eine innere, nämlich Ihre persönliche Geisteskraft, die auch in den Schemen steckt, die Sie vampirisieren, und eine äußere, die Kraft der geistigen Mächte, der sogenannten Genien und Engel.

Die innere Kraft gewinnen Sie, indem Sie den Schemen durch Selbstüberwindung Kraft entziehen und Ihrem Willen einverleiben. Und die äußeren Mächte sprechen Sie mit Ihrer Glaubenskraft an. Mit Hilfe der Namen und Zeichen der Genien können Sie dann beide Energien zum Beispiel in einem Amulett vereinen und bei Bedarf abrufen.

Vorstellungskraft, Genien und Amulett

Wenn Sie an Magie und Mystik glauben dann machen Sie sich ein Amulett. Und wenn Sie nicht an Magie und Mystik glauben, dann machen Sie sich trotzdem eins, denn die Erfahrung hat gezeigt, das Mittel wirkt. Dass es wirkt ist nämlich kein Wunder sondern beruht auf Mechanismen, die man logisch nachvollziehen kann.

Auch Diät-Yoga bedient sich der unbewussten geistigen Mechanismen, die zwar nicht alle mit wissenschaftlichen Erkenntnissen zu erklären sind. Aber die Methode funktioniert. Sie funktioniert auch wenn Sie nicht an die dargelegten Thesen glauben.

Früher wurden Amulette von einem Goldschmied angefertigt und von kundigen Geistesforschern (Magiern) aufgeladen und geweiht. Wer jedoch die geistigen Mechanismen und das Geheimnis von den Schemen kennt, kann diese Arbeit auch selbst erledigen. Denn es gibt nicht nur krankmachende Mächte, und die Sucht- und Triebschemen, die einen verführen, sondern auch positive, hilfreiche mentale Komplexe, die man für seine Vorhaben aktivieren kann. Man muss sich nur bewusst machen, was man will, und diese Vorstellung, man nennt so einen Gedankenkomplex "Elemental" – Sie können auch Placebo dazu sagen – mit einem Gegenstand verbinden. Das kann ein Medikament, eine Reliquie oder sonst ein beliebiger symbolischer Gegenstand sein, in unserem Fall ist es ein Amulett. Über das mit der Vorstellung und dem Symbol verbundene Amulett entsteht ein Kontakt zu dem kosmischen Wesen, das man mit seinem Siegel das in das Amulett graviert wurde, bezeichnet.

In Franz Bardons Buch: "Die Praxis der magischen Evokation", in meinem "Schutzengelbuch" und im "Thebaischen Kalender" werden die Namen und Siegel, von 360 Genien angeführt und erklärt, wie man sie kontaktiert.

- Wenn Sie mit einem Diät-Amulett, in das die Siegel der Genien, die für richtige Ernährung und Willenskraft zuständig sind, graviert wurden, die nachstehend angegebene magische Geste durchführen und im Geist die Formel: "Mein Wille ist stark, Fasten macht mir Freude" aussprechen, können Sie augenblicklich die Kraft einer Versuchung brechen und jeder Essattacke widerstehen.

Sobald Sie sich in Gedanken mit dem Geist der Genien verbinden, ist die Kraft auch in Ihnen. Sie spüren es sofort. In Ihnen ist eine Energiequelle, aus der Sie die nötige Kraft schöpfen, um jeden Wunsch zu realisieren und das ganze Leben neu zu gestalten. Auf völlig unerwartete Weise finden Sie, was Sie schon so lange gesucht haben, und spüren eine innere Zuversicht und Stärke, die sich mit jedem Tag mehr ausbreitet.

Mit dem Siegel als Amulett fühlen Sie: "Es gibt etwas in mir, das genau weiß, was getan werden muss, und dieses Etwas hat es schon getan auf eine Weise, wie es gut ist für mich."

Lust und Genuss beim Essen und Trinken sind ja nichts Schlechtes. Ganz im Gegenteil, gute Küche ist eine Kunst und gehört, wie alles andere Schöne, zum Kulturgut der Menschen. Schlecht ist höchstens das Zuviel davon, sobald die Kontrolle fehlt.

Die Genien ALPASON, IVAR, TOLET und CAMARION, die dafür zuständig sind, wissen das und sind daher bestrebt, Ihnen zu helfen, indem sie Ihre Esslust dämpfen, Ihre Willenskraft stärken und den Wunsch nach einer gesunden, bewussten Esskultur in Sie versenken, damit Sie noch besser genießen können. Sie bewahren davor, dass man nicht, durch falsche Ernährung und Lust am Genuss, in die Abgründe der Fresssucht stürzt.

ALPASON nimmt der Sucht die Kraft und schirmt das Verlangen ab. Das kann man sich wie einen mentalen Betablocker vorstellen, oder eine Sonnenbrille, die das verblendende Licht der Lust auf Genuss dämpft und filtert. IVAR dagegen bestärkt Sie, und vermehrt Ihre Willenskraft, sobald Sie entscheiden, die Pizzaschnitte, die Sie im Sinn haben, oder die bereits am Teller liegt, doch nicht zu essen, oder die Zigarette, die Sie bereits in der Hand haben doch nicht zu rauchen.

Dass es sich bei der Hilfe durch die Genien nicht um Einbildung, sondern um nachweisbare Erfolge handelt, beweisen die vielen Zuschriften, die ich laufend bekomme. Ein Siegel als Bewusstseinsstütze setzt tatsächlich Kräfte frei.

Dr. Renate G., eine Ärztin, schreibt: "Ich habe mein Diät-Amulett verloren. Zuerst dachte ich, ich benötige es nicht mehr, denn ich habe mich bereits so an die Lebensdiät gewöhnt, dass ich mir gar nichts anderes mehr vorstellen kann. Aber plötzlich, ohne Amulett, fällt es mir wieder schwer, mein Wunschgewicht zu halten. Ich fühle mich unsicher, nicht mehr so motiviert, ich brauche dringend wieder ein Amulett."

Hans-Peter E. aus Wien schickte mir eine Kiste Sekt und folgende Zeilen: "Ich habe bereits sechzehn Fastenkuren hinter mir und immer in kürzester Zeit alles wieder zugenommen. Seit ich aber nach der Jojo Kurzdiät lebe, halte ich mein Gewicht. Sogar über die Weihnachtsfeiertage blieb ich unter meinem Höchstgewicht. Das Diät-Amulett trage ich immer bei mir. Zuerst hielt ich es, ehrlich gesagt, für Aberglauben, aber inzwischen bin ich überzeugt, es mobilisiert mehr als nur meine Vorstellungskraft. Es dämpft tatsächlich meinen Hunger, meine Lust auf Alkohol und stärkt meinen Willen. Ich habe sogar mit dem Rauchen aufgehört."

Dass ein Diät-Amulett scheinbar Wunder wirkt, ist trotzdem kein Wunder, sondern lediglich der Beweis für die bestehenden geistigen Gesetze. Das Amulett als magisches Instrument konzentriert nur die Macht des Denkens und Wünschens und macht die damit verbundene Vorstellung sowohl für den Geist (und die Geister) als auch für den Körper zur bestimmenden Kraft.

Körperbedürfnisse erzeugen Wünsche. Wünsche wecken Vorstellungen. Vorstellungen bewirken – oder verändern – Körperbedürfnisse.

Es gilt als erwiesen, dass Vorstellungen auf den Körper verändernd einwirken und maßgeblich den Hormonhaushalt, die Endorphine und den Stoffwechsel beeinflussen.

Es ist ein geistiges Gesetz: Das, woran man denkt, rückt man in den Bereich der Verwirklichung und zieht es an. Was Sie sich vorstellen, ist, zumindest gedanklich, bereits als Bild vorhanden. Und alles, was solchermaßen in Ihnen vorgebildet ist, erzeugt eine Regung, einen Wunsch, eine Gefühlsregung oder eine Körperregung in Form eines Triebes.

Wünschen Sie sich also ganz innig einen gesunden, schlanken, schönen Körper und denken Sie daran: Wenn Sie mit der Jojo Kurzdiät – Methode leben, werden Sie das auch erreichen. Sie werden garantiert die dafür nötige Motivation und Willensenergie mobilisieren. Denn Wünsche und Gedanken sind persönliche Lebensgeister, man muss sie nur mobilisieren.

Wenn Sie noch immer nicht an Engel und geistige Wesen glauben, können Sie auch das nächste Kapitel überblättern. Diät-Yoga wirkt auch so. Wenn es Sie aber interessiert, warum sie wirkt, und Sie die geistigen Mechanismen kennen lernen wollen, die dahinter stecken, dann lesen Sie bitte unvoreingenommen weiter.

DAS GEHEIMNIS VON GLÜCK, ERFOLG UND LEBENSKRAFT

Seit "New Age" zu einer Art Volksreligion wurde, glaubt jeder es zu wissen: Positives Denken ist der Schlüssel zum Erfolg. Aber leider stimmt das so nicht.

Positives Denken allein, auch wenn es immer wieder versprochen wird, reicht in der Regel nicht aus, um im Leben erfolgreich zu sein. Es gehört mehr dazu, als ein Gedanke, damit sich das, was man sich wünscht, baldmöglichst realisiert. Man muss auch uneingeschränkt daran glauben, positiv fühlen und zielbewusst agieren, sonst verliert sich der Gedanke oder wird von anderen Gedanken verdrängt. Denn auch die Gedanken des Zweifels mischen sich ein. Damit sich ein Wunsch verwirklichen kann, genügt es nicht, dass man im Geist ein Bild davon zeichnet, man muss diese Vorstellung auch beleben und aktivieren. Doch dazu benötigt man eine ganze Menge Geisteskraft. Und diese Energie, sie hat mehrere Ausdrucksformen, muss man erst erlangen. Denn: Als Geisteskraft des Glaubens hält sie das Erhoffte im Bewusstsein als realisierbar fest. Als Wunschkraft beseelt und belebt sie es, aber erst die transformierte Willenskraft verleiht der Vorstellung die nötige Stärke, damit sie sich auch tatsächlich verwirklichen kann.

Auch auf der grobstofflichen Ebene gibt es verschiedene Formen der Energie. Die Kernenergie in den Atomen bindet die Ursubstanz, die Gravitation hält die Teile zusammen, die elektrische Energie als elektrischer Strom und die Wärmeenergie bewirken die Bewegung. Genauso ist auf den feinstofflichen Ebenen die geistige Energie an unterschiedliche Hüllen gebunden und erlangt, je nach Matrize, eine andere Ausdrucksform. Sie steckt als Lebenskraft und Selbsterhaltungstrieb in den "Vitalen", als Emotions- und Gefühlskraft in den "Elementaren" und als Willens- und Glaubenskraft in den "Elementalen" den bildgebenden Wesenszellen des Geistes.

In jedem lebenden Organismus wird durch einen alchemistischen Prozess zuerst die Lebenskraft freigesetzt. Dabei handelt es sich nicht um Energie, die gleich einem Feuer durch Verbrennung entsteht, sondern die in Gang gesetzte Wärme "brütet" gleichsam die in der Materie eingeschlossenen Vitale aus. Gleich einem Samen brechen grobstoffliche Bestandteile der Nahrung und Körperzellen auf und setzen organische Energie frei, die das Bewusstsein als Vitalität empfindet.

Die Lebenskraft erscheint als goldenes Licht; stärkend, belebend, entspannend, beruhigend – je nach der Elemente Qualität, der sie gerade Richtung gibt.

Sie folgt den Imaginationen, also geistigen Vor-Bildern, ganz gleich, ob es sich dabei um schon vorhandene Elementale handelt, welche die Lebenskraft anziehen, oder um gezielte Vorstellungen, positive Gedanken, mit denen man sie bewusst umkleidet und solchermaßen willentlich lenkt.

So wie elektrischer Strom aus dem Fluss der Elektronen gebildet ist, aber die Elektronen trotzdem Energieteilchen darstellen, setzt sich die Lebenskraft, auch wenn sie in Ihrer Gesamtheit als strömende Kraft oder als Energiefeld empfunden wird, aus Wesenszellen, den so genannten Vitalen, zusammen. Die Vitale sind auf der feinstofflichen Ebene die kleinsten einfachsten Wesen. Sie bilden die dichtesten Formen der feinstofflichen Energie und bestehen aus der feinsten Materie der grobstofflichen Ebene. Vitale sind Tropfen aus dem "Wasser des Lebens", aus dem sich die geistigen Welten formen und beleben. Auch der Lebensleib des Menschen besteht aus Vitalen. Die Vitale sind der "Kraft-Stoff", aus dem die lebenden Steine – die wahre Prima Materia der Alchemisten –, die Elementare, aufgebaut sind. Aus ihnen gewinnt der Geist die Kraft, die er für seine Selbstvervollkommnung benötigt.

Das bedeutet, je vitaler jemand ist, je mehr Begierden und Leidenschaften jemand hat, umso mehr Energie steht ihm zur Verfügung, die er, wenn er sie beherrscht, ins Geistige transformieren kann.

Auch die Triebenergie der Fresssucht lässt sich in Geistesenergie verwandeln und speichern, damit sie einem als Willenskraft für den nächsten Diättag, oder für andere wichtige Vorhaben, zur Verfügung steht.

Genau genommen beginnt hier die Welt der Esoterik. Aber wie Sie gleich sehen werden, ist die hermetische Wissenschaft gar nicht so geheimnisvoll, sondern ruht auf höchst vernünftigen, praktischen Erkenntnissen. Man muss keine Hexe oder Magier sein, um diese einfachen psychologischen Mechanismen im persönlichen Alltag anzuwenden.

WIE MAN DIE GEISTESKRAFT VERSTÄRKT

Manche Menschen sind voll Vitalität und verfügen über eine starke persönliche Ausstrahlung und Willenskraft. Sie gehen selbstbewusst und zuversichtlich durchs Leben, während andere ängstlich und antriebslos sind und höchstens von Ihren Stimmungen bewegt werden. Wie kommt es, dass die einen über ein Energiereservoir verfügen, das anderen scheinbar verschlossen bleibt?

Dieses Wissen gehört zu den großen Mysterien und wurde bisher nur wenigen Suchenden zugänglich gemacht. Damit betreten wir das Reich der praktischen Magie und Mystik. Denn die feinstofflichen Kräfte, die den Menschen stärken und beseelen, beleben auch die Götter und Dämonen. Wer diese Energien beherrscht, beherrscht damit zuerst sich selbst und später auch die Wesen aus der Hierarchie, die ebenfalls auf diese Energien angewiesen sind.

Auf den feinstofflichen Ebenen gibt es nichts Lebloses oder Unbewusstes, alles, was ist, schwimmt im Licht des Bewusstseins und erlebt sich in dem, was es darstellt, und will weiterleben. Selbst das kleinste geistige Partikel des feinstofflichen (nicht des sichtbaren) Lichts, mit dem die Gedankenbilder und Träume gezeichnet werden, ist eine elementale lebende Wesenszelle.

Daher ist jede innere Regung, jeder Gedanke, jedes Gefühl eine lebende Zelle des Geist- und Seelenkörpers, die überleben will, und benimmt sich auch dementsprechend. Man denke da nur an den Gedanken an die Torte im Kühlschrank, der keine Ruhe gibt und sich nicht wegschieben lässt, oder an die Melodie, die einem nicht aus dem Kopf geht.

Der Umgang mit feinstofflichen Energien – auch der Kampf mit der Esslust gehört dazu – ist daher nicht nur ein biologischer psychischer Vorgang, sondern entspricht eher der Zähmung eines Wildpferdes, das man zum Reiten abrichtet. Nur mit dem Unterschied, dass man sich nicht auf sein "Krafttier", wie es die Schamanen nennen, draufsetzt, sondern mit ihm verwachsen ist wie die Sphinx.

Hat man früher die Esoterikerinnen, die in den Wald gingen und Bäume umarmten und sich dann besser fühlten, belächelt, so wird heute Waldtherapie von den Krankenkassen bezahlt. Inzwischen wurden nämlich Hunderte Substanzen, ätherische Öle und Mineralstoffe in der Waldluft gefunden, die nachweisbar gesundheitsförderlich sind. Vielleicht entdeckt man eines Tages auch die Gnomen, Undinen, und Feen die im Wald für gute Stimmung sorgen, und vielleicht gelingt es auch, die Chemie der Suchtegel zu lokalisieren, die einen zum Saufen, Rauchen und Fressen verführen.

Körper, Seele, Geist, Bewusstsein

Die hermetische Wissenschaft lehrt: Der Mensch ist ein Geistwesen und wäre ohne seinen Körper nicht in der Lage, in der physischen Welt zu leben oder sich hier zu betätigen. Ohne Seele könnte – und würde – sich jedoch der Geist nicht mit dem Körper vereinen.

Deshalb ist die Seele das verbindende Glied zwischen Körper und Geist. Sie ist die zu einem Seelenorganismus vereinte Macht der Gefühle, die sowohl aus Empfindungen des Körpers als auch über die Vorstellung des Geistes erwachsen können.

Die Seelenenergie ist damit die Wirkkraft aller Fähigkeiten der Sinne und sie drückt die Eigenschaften des Geistes im Charakter aus. Dabei darf man sich diese Seelenenergie nicht als blinde Kraft wie die Gravitation, Elektrizität oder Kernenergie vorstellen.

So wie der lebende Körper aus lebenden Körperzellen besteht, wird auch die Seele, der so genannte Astralkörper, aus Seelenwesenszellen gebildet, die selber kleine Wesen sind und sich in den Gefühlen, Wünschen, Stimmungen und Begierden, die sie ausdrücken, bewusst erleben. Dabei entwickeln sie ein Eigenleben und, wie jedes Lebewesen, einen Selbsterhaltungstrieb.

Die Vorstellung von der Torte im Kühlschrank, die so lange in Ihrem Bewusstsein herumspukt, bis Sie schwach werden, ist auch so eine lebendige Wesenszelle.

Aufgabe dieser Zellen ist, die elementare, noch zur physischen Ebene gehörende Lebensenergie, über die seelischen Gefühlsregungen in geistige Spannkraft transformierbar zu machen.

Die wesenhaften Seelenzellen wandeln die Lebensenergie in Seelenregungen, aber sie brauchen diese für den eigenen Antrieb und lassen dabei den Betroffenen (jeder ist davon betroffen) nach ihrem Wesen denken fühlen wünschen und agieren.

Ihr Trieb ist jedoch auch die Antriebskraft des Geistes und wird, wenn dieser über sie gebieten kann, zur Willenskraft.

Aber auch andere Geister, wie zum Beispiel Engel, Götter und Dämonen, bedienen sich dieser Seelenenergie und sind über diese Wesenszellen mit jenen Wesen, die gleiche Wesenszellen in sich tragen, verbunden. Ein Zorndämon zum Beispiel ist über Zorneswesenszellen einer Menschenseele mit diesem Menschen in Kontakt und steckt nicht selbst in dem "Besessenen" drin. Der Betroffene wird von seinen eigenen entarteten Wesenszellen überwältigt und aus seiner Seelenmitte an den Rand seines Bewusstseinsfeldes verdrängt. In psychosomatischen Zusammenhängen würde man diese Wesenszellen als Imaginationen, also Einbildungen, Vorstellungen oder Zwangsvorstellungen definieren.

Soweit nun die Seelenregungen sinnvoll sind und mit den geistigen Überlegungen übereinstimmen, erfüllen sie als feinstoffliche Zellen mit der Funktion des Antriebs, oder zur Vorsicht mahnenden Bremse, eine wichtige Aufgabe. Nicht nur Leidenschaften, Ängste und Begierden, auch Ideale und Tugenden wie zum Beispiel Fleiß, Ehrgeiz und Mitgefühl sind Antriebsregungen von Seelenwesenszellen, die den Geist in ihrem Sinn bewegen.

Dabei unterscheiden wir zwischen den so genannten Elementaren, die wir mehr als Gefühlsregungen wahrnehmen, und den Elementalen, die sich in Form von Vorstellungen ins Blickfeld des Bewusstseins schieben.

Die Elementare bilden den energetischen Inhalt, das Seelische, und die Elementale sind das Bildhafte, das geistig formende Element aller feinstofflichen Wesen.

Elementale und Elementare sind die lebendigen Grundbausteine unserer Persönlichkeit. Sie stehen in ständiger Wechselwirkung zueinander und vereinen sich zu so genannten Schemen. Diese als spezialisierte Seelenwesensteile notwendigen Zellen des feinstofflichen Körpers können jedoch sehr rasch zu mächtigen "Komplexen" anwachsen, die dann die Gedanken auf ihre Weise formen und als Angst, Süchte oder Leidenschaften die ganze Seelenenergie auf sich ziehen. Die gesunden Seelenwesenszellen werden dann zu Energieschmarotzern, die, sobald sie der bewussten Kontrolle entgleiten, in Form dieser Genuss-, Emotions- oder Angstschemen den Körper mit Süchten und Begierden, die Seele mit Ängsten und Affekten und den Geist mit Zwangsvorstellungen beherrschen. Sie wollen gedacht, gefühlt und erlebt werden, weil sie sich damit im Bewusstseinsfeld des Menschen am Leben erhalten.

- Daher müssen umgekehrt die Triebe, Leidenschaften und Gefühle über das Denken kontrolliert und beherrscht werden. Aus Seelenkraft-Vampiren werden dann Zugpferde des Geistes. Denn auch der Wille, der als Ausdruck und letzte Instanz des Geistes gebietet, besteht aus der gleichen Kraft.

- Die Willenskraft ist jedoch nicht stärker als die Energie der Triebe, sondern sie lenkt diese, aufgrund einer bewussten Entscheidung, über gezielte Vorstellungen in eine andere Richtung, formt sie um und unterstellt sie damit der persönlichen Kontrolle.

- Den meisten Menschen fehlt somit nicht Energie, sondern die entschlossene Entscheidung zur bewussten Kontrolle über den Energiefluss zwischen Körper, Geist und Seele.

- Man hat nicht zu wenig Willenskraft, sondern die Energie, die dem Willen folgen sollte, folgt den Gefühlsschemen, den Phantasien, Ängsten und Begierden, den Leidenschaften, Emotionen und Affekten.

- Selbst Faulheit beruht nicht auf Antriebslosigkeit, sondern ist die Folge von zu mächtig gewordenen Trägheitsschemen, die alle Energie auf sich ziehen, sich aufblähen auf Kosten anderer Interessen und wie ein Krebsgeschwür die Funktion der Schaltstelle, der sie dienen sollten, behindern.

Geist- und Seelennahrung

Ein gesunder Mensch kontrolliert aus seiner Mitte vier Körper:

1. Die Glieder des physischen Leibes samt dem ihn belebenden Lebensleib, gebildet aus "Vitalen".
2. Die Gefühle der erregten Seele. Das ist der sogenannte Astralkörper, gebildet aus "Elementaren", also den Gefühlen, Hoffnungen und Ängsten.

3. Die Gedanken und Vorstellungen des urteilenden Geistes. Das ist der sogenannte Mentalkörper, gebildet aus "Elementalen", also den lebendigen Bildern der Vorstellungen.
4. Die Bewusstseinsglieder des ICHSELBST. Das ist der Geist des ICHBIN, gebildet aus wachem Selbstbewusstsein, Vorstellungsvermögen und Willenkraft.

Der Körper wird durch die Lebensenergie, die Seele durch die Gefühlsregungen, der Geist durch die Gedankenbilder, und das ICHSELBST durch das erwachte Selbstbewusstsein in Form der Vorstellung "Ich bin" am Leben erhalten. Dazu müssen neben dem physischen Leib auch Geist und Seele richtig und ausreichend mit Nahrung versorgt werden. Leider ist über den "feinstofflichen" Stoffwechsel wenig bekannt. Die Psychosomatik ist dem Phänomen zwar auf der Spur, verwechselt jedoch zumeist die Ursache mit der Wirkung. Es gibt zwar tatsächlich Erkrankungen, die sich mit Vorstellungen kurieren lassen, aber nicht jede Krankheit hat ihre Ursache im Gefühlsleben der Seele oder den Gedankenbildern im Geist.

Trotzdem ist es wichtig, dass man die Wechselwirkung, die zwischen Gedanken, Gefühlen und Körperfunktionen bestehen, kennt und beachtet. Man sagt zwar oft, "man habe es satt" oder "sei von Eindrücken übersättigt", stopft sich aber schon zum Frühstück gedankenlos mit lügengespickter Geistesnahrung aus der Morgenzeitung voll, frisst tagsüber Wut und Sorgen in sich hinein und öffnet jeden Abend unbekümmert das Maul der Sinne den Emotionsschemen trivialster Fernsehproduktion. Das alles muss verdaut werden!

Daher ist es ganz und gar nicht gleichgültig, welche Gedanken, Meinungen und Stimmungen man in sich aufnimmt. So wie das bewusste positive Denken und Fühlen das Leben auf wunderbare Weise zum Guten verändert, führen die wahllos, oft unbewusst aufgenommenen Anregungen und Vorstellungen aus den Medien, oder von Freunden, zu bestimmten Neigungen, die dann das eigene Denken, Fühlen und Handeln entscheidend beeinflussen. Wer kann sich schon erinnern, was er vor zwei oder fünf Tagen gegessen hat, aber es haben sich trotzdem Milliarden Körperzellen daraus entwickelt. Das gilt auch für die Geistesnahrung aus der Zeitung, dem Fernseher und dem Internet.

Über gesunde Ernährung ist man allgemein gut aufgeklärt, aber auf die Geist- und Seelennahrung achten die wenigsten. Manche glauben, Geist- und Seelenenergieströme einem nur von "oben" aus dem Jenseits zu oder ließe sich an so genannten Kraftplätzen tanken. Das ist zwar im Prinzip richtig, denn es gibt Orte der Kraft und Gezeiten der Kraft. Es handelt sich dabei jedoch um einen qualitativen Einfluss, der Kräfte weckt, und nicht, auch wenn man es so empfindet, um einen quantitativen Zustrom von Energie. Um einen solchen zu erzielen, bedarf es einer sensiblen Empfangsbereitschaft, einer geschulten Vorstellungskraft oder eines starken Glaubens. Solange also der Geist und die Seele mit dem grobstofflichen Körper vereint sind, werden sie auch über diesen ernährt.

Durch einen wunderbaren alchemistischen Prozess werden im gesunden Menschen aus der Nahrung, in Verbindung mit dem Atem, ständig Vitale freigesetzt, die in Form der Lebenskraft nicht nur den Körper beleben, sondern als energetische Grundlage aller Gefühlsregungen auch den seelischen Stimmungsbereich mit Antriebskraft versorgen.

Ebenfalls über die physischen Sinnesorgane wird dem Geist durch die wahrgenommenen Eindrücke, mit den zu Vorstellungen und Bildern geformten Elementalen, ständig neue geistige Spannkraft und Lichtstoff zugeführt, was die Qualität der Interessen prägt. An diesem geheimnisvollen Lebensprozess sind, neben den vom bewussten Wollen unabhängig wirkenden Trieben der Empfindungen, auch das bewusste Denken, Fühlen und Wollen des Geistes gleichermaßen beteiligt. Daher kann jeder selbst über seine Energien bestimmen, sobald er sich Elementale (Vorstellungen) schafft, welche die Elementare (Gefühlsregungen) unerwünschter Affekte, Phantasien, Ängste oder Begierden wie zum Beispiel die Lust auf Essen, kontrollieren.

Er muss dazu erst die elementaren Wesensteile der Schemen von den elementalen Teilen LÖSEN und sie dann an andere, bewusst erschaffene Vorstellungen BINDEN. Dabei werden wie beim Platzen einer Seifenblase Energie (Elementare) und Lichtstoff (der Elementale) frei.

Durch jeden Akt der Selbstbeherrschung, Selbstüberwindung oder bewussten Verzicht werden schemenhafte Seelenwesensteile in Ihre zwei Grundelemente zerlegt. In Elementare, den energetischen Anteil, der im Gefühlsleben zum Ausdruck kommt, und in Elementale, die als geistige Bausteine des Denkens ein Erkennen, Bilden, Vorstellen und Erinnern ermöglichen. Dabei wird die Kontraktionskraft frei, die man jetzt erwünschten Elementalen zuführen kann. Aus der Lust auf die Schokolade oder den Braten wird, wenn man ihr widersteht, ein Energieschub, den man in Form seines Willens beliebig verwenden kann.

Man kann den Vorgang auch anders veranschaulichen: Aus Reibung entsteht Hitze, und am Widerstand erwächst Kraft. Das gilt nicht nur in der physischen Welt, sondern auch auf den feinstofflichen Ebenen. Deshalb bewirkt jede Selbstüberwindung, jeder, auch der kleinste Sieg über einen Schemen, einen Zuwachs der Spannkraft des Willens. Man kann sich geradezu einen Sport daraus machen und gegen seine Triebregungen ankämpfen, um mit diesem Seelenmuskeltraining seine Geisteskraft zu steigern. Das innere Feuer, von dem die Mystiker berichten, ist nichts anderes als jene transformierte Energie, die frei wird, wenn man an sich arbeitet und seine Seelenwesensteile umgestaltet.

Die Kybernetik des Geistes

Fassen wir noch einmal zusammen: So wie der Körper aus lebendigen kleinen Körperzellen aufgebaut ist, besteht der Geist aus wesenhaften kleinen Geistern. Sie erleben sich selbst in den Gedanken, Gefühlen und Wünschen, die Sie ausdrücken und ins Bewusstsein rücken. Dabei entwickeln sie ein Eigenleben und einen Selbsterhaltungstrieb und können, sobald sie der bewussten

Kontrolle entgleiten, zu mächtigen Emotions- und Angstkomplexen anwachsen. Aus gesunden elementalen Seelenwesensteilen werden dann schemenhafte Energieschmarotzer, die in Form von Leidenschaften, Süchten, Trieben und Ängsten die ganze Seelenenergie auf sich ziehen und den Betreffenden nicht nur verführen, sondern auch enorm schwächen. Denn sobald ein Komplex von Wesenszellen über die ihm zukommende Größe hinauswächst, geht das wie bei einer Krebsgeschwulst auf Kosten der anderen Seelenteile.

Davon ist jeder betroffen, denn sie entfalten sich langsam, oft unbemerkt aus den Neigungen, die man pflegt. Sobald man sich ihren anfänglich nur schwachen Reizen hingibt, wachsen sie.

Das ist ein Teufelskreis: Neigungen schaffen Gewohnheiten, Gewohnheiten verstärken Neigungen. Diese können dann weiter zum Bedürfnis und das Bedürfnis kann zur Sucht anwachsen.

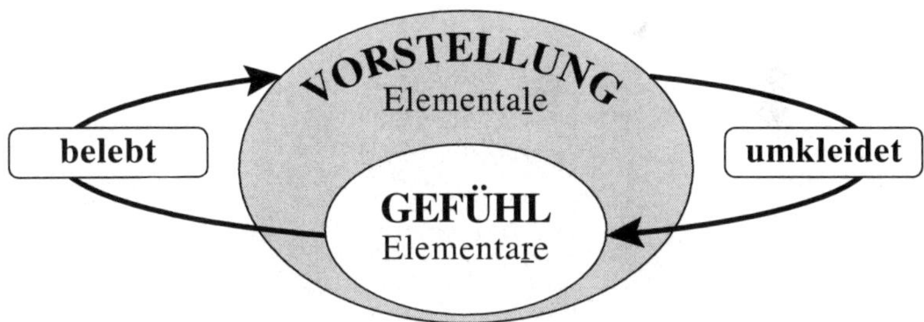

Das bedeutet:

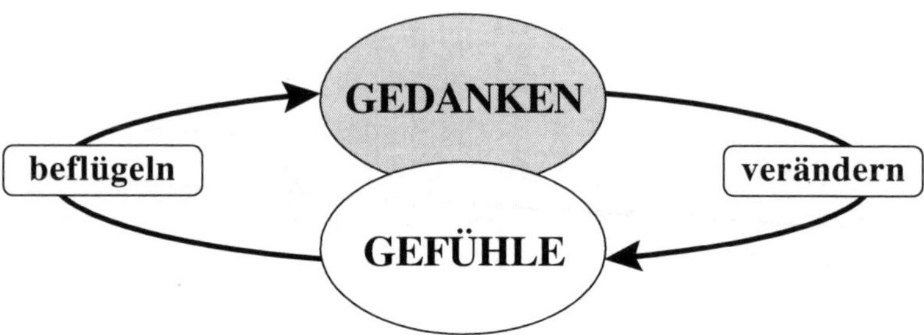

Aber genauso wie diese Schemen wachsen, kann man ihnen umgekehrt die Energie entziehen, indem man bewusst andere Elementale pflegt. Man kann den Kreislauf durchbrechen, wenn man die Vorstellungen und Gedanken von den Gefühlen (Wünschen und Begierden) löst (indem man seine Aufmerksamkeit auf andere Gedanken lenkt) und damit andere Gefühle an sich bindet. Denn:

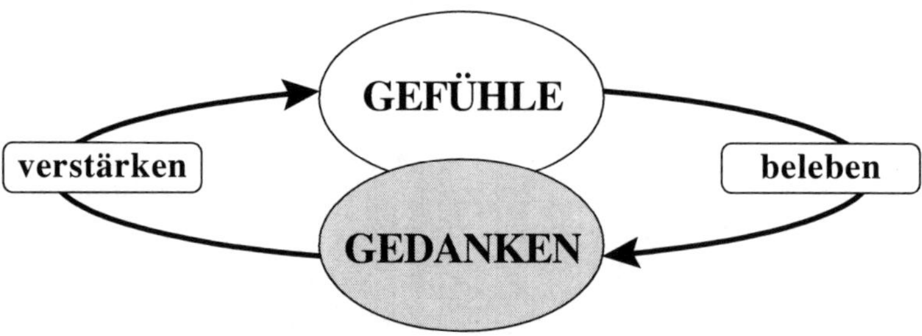

Macht und Selbstvertrauen, Vitalität und Willenskraft, das sind geistige Fähigkeiten, elementale Wesensteile der Persönlichkeit, die einem aus Selbstbeherrschung, Disziplin und bewusstem Verzicht erwachsen, man muss sich nur darum bemühen.

Daher sind die Schemen der Schwäche und Angst, der Triebe und Begierden, auch die Esslust oder die Lust auf die nächste Zigarette, willkommene Gegner. Wer sie auf dem inneren Sportplatz beim Seelenmuskeltraining überwindet, der gewinnt geistige Spannkraft, die mit jedem Sieg wächst und die er dann nach seinem Wollen, und nicht nach den Wünschen, die ihn bedrängen, im täglichen Leben einsetzen kann.

Wer einmal erfahren hat, wie heilsam und belebend es ist, wenn man seine Lustvampire überwindet, der findet an diesem Kampf bald mehr Freude und Erfüllung als durch den zweifelhaften Genuss, den ihm die Befriedigung der Lust bereiten würde. Es wird zu einem spannenden Sport, das, was man fälschlicherweise für sich selbst hält, in die Schranken zu weisen und zu besiegen. Die Energie, die man auf diese Weise seinen Trieben und Regungen entzieht, verwandelt sich sofort in persönliche Geisteskraft, die einem in Form von Willensstärke, Entscheidungsfähigkeit und Selbstbewusstsein zur Verfügung steht.

SO WANDELT MAN EINE SUCHT IN WILLENSKRAFT

DIE PRAXIS DER HERMETISCHEN TRANSFORMATION

Man bedient sich der hermetischen Transformation, erstens, um die nötige Kraft für ein profanes Vorhaben, oder für eine Begabung die man erlangen möchte, zu gewinnen, und zweitens, um unliebsame Energieschmarotzer auszuschalten, die einem Lebenskraft entziehen. Man muss dazu seine Begierden, Leidenschaften und Schwächen unter seine Kontrolle bringen.

Ehe man sich aber entschließt, diese Praxis anzuwenden, ist zu überlegen, ob man einen bestimmten Schemen auflösen oder nur in die Schranken weisen will.

Handelt es sich um einen Komplex, eine Leidenschaft oder eine Sucht, die Körper, Geist und Seele gleichermaßen schwächt, wie etwa Drogen-, Zigaretten- oder Alkoholabhängigkeit, so wird man diese bis zu ihrer völligen Überwindung bekämpfen.

Der Schemen muss so weit aufgelöst sein, dass seine elementale Bildhülle keine elementaren Kraftströme mehr aufnehmen kann. Dieser Kampf dauert in der Regel mehrere Monate und erfordert ständige Wachsamkeit. Da die feinstofflichen Wesenszellen, ähnlich wie die Fettzellen des Körpers, nie ganz verschwinden, sondern nur schrumpfen, können sich die geistigen Hüllen, die durch die unbewusste Aufmerksamkeit, die man ihren Folgephantasien und Vorstellungen widmet, nachgezeichnet werden, wieder so stark verdichten, dass sie sich erneut mit Energien des Lustbegehrens füllen.

Kleinere Auswüchse dagegen, Überschüsse von Wesenszellen, die nur das Gleichgewicht der Elemente stören, sonst jedoch keinen größeren "Schaden" anrichten, wie zum Beispiel Sex- und Esslust, oder persönliche Eigenheiten, wird man besser nur "zähmen". Denn gerade sie sind die idealen Energielieferanten, aus deren Widerstand man immer wieder neue Kraft für seinen Willen schöpfen kann.

Am Anfang ist die Beherrschung schwierig. Denn da in der Regel die vorhandenen Seelen-Auswüchse die gesamte Lebensenergie auf sich ziehen, bleibt für die eigentliche Willenskraft nicht mehr viel übrig.

Wir wissen aber: Leidenschaften und Begierden sind die zu Schemen zusammengeballte Macht vieler kleiner "befriedigter" Wunsch- und Genuss-Elementale. Man kann sie daher auch wieder schrittweise auflösen.

Jede überwundene, nicht befriedigte Versuchung bedeutet die Zerstörung eines elementalen Wesensteils des Fress-, Rauch-, Trink- oder Suchtgiftschemens. Der gebändigte Triebimpuls wandelt sich dabei zur Stärke des Willens, der im selben Ausmaß wächst, wie die Kraft des Schemens schwindet. Man kann sich aber auch eines kleinen Tricks bedienen.

Wer zu schwach ist, die mächtigsten Schemen, also seine größten persönlichen Schwächen auszuschalten, holt sich die dazu nötige Kraft, indem er zuerst seine weniger stark ausgeprägten schlechten Gewohnheiten, Regungen und Leidenschaften bezwingt.

Verzicht und Überwindung: Holen Sie sich die Willenskraft aus den kleinen Schwächen, die Sie meistern können. Überwindung der Tratsch-SUCHT (Telefonieren reduzieren), Neu-GIER (Zeitung lesen und Handygucken streichen), Kritik- LUST (loben statt nörgeln), Sammler-LEIDENSCHAFT (trennen Sie sich von Ihrem liebsten Stück), Tob-SUCHT (versetzen Sie sich in den anderen), Hab-GIER (verschenken Sie das Geld, mit dem Sie sich die nächste "Freude" kaufen wollten).

Jeder Verzicht, jede kleinste Selbstüberwindung, jede bewusste Selbstbeherrschung ist geeignet, Ihren Willen zu stärken. Mit der gewonnenen Energie lassen sich dann nach und nach die mächtigeren Schemen erfolgreich bezwingen.

Der Körper lässt sich dabei leichter kontrollieren als geistige Komplexe und seelische Regungen. Daher ist es am Anfang einfacher, wenn man die Geisteskraft direkt aus jenen Vitalen zieht, die als erdelementare Wurzeln in Form des Trägheitsempfindens

Auswüchse treiben. Die Überwindung der Faulheit, Müdigkeit und Bequemlichkeit ist ein besonders ergiebiger Kraftquell.

Daher morgens zeitig aus dem Bett!
Arbeiten Sie, bewegen Sie sich! Schon die geringste Körpertätigkeit überwindet Teile Ihrer Trägheitsschemen und wandelt deren lähmend depressive Seelenschwerkraft in die belebende Geistesfrische Ihres Willens. Selbstwertgefühl erwächst nur aus der Zufriedenheit, die eine erbrachte Leistung beschert. Man hat nicht zu wenig Energie dazu, sondern die Trägheitsschemen, die, je fauler man ist, umso mächtiger werden, ziehen die Lebenskraft an sich. Holen Sie sich die Kraft zurück, indem Sie etwas tun.

Bewusst genießen!
Sehr viele Begierden erwachsen nicht aus einem Körperbedürfnis oder Lustbegehren, sondern sind als eine Art "bedingter geistiger Reflex" die Folge von Empfindungen oder speziellen Situationen, zum Beispiel die Zigarette zum Kaffee oder zum Glas Wein oder die nach dem Sex. Das Naschen nach einer Mahlzeit, der Drink zur Gemütlichkeit, die Erdnüsse zum Fernsehen, das Bier zum Essen, der Kaffee am Morgen.

Durchbrechen Sie diese Macht der Gewohnheit!
Wenn schon Befriedigung, dann nicht gedankenlos automatisch, sondern bewusst gewollt und zu einem Zeitpunkt, den Sie selbst vorher bestimmen. Sie machen sich damit die Schemen untertan, binden deren Energie an Ihren Geist und nicht Ihren Geist an die Schemen.

Verzögerung:
Rauchen, essen, naschen Sie erst zehn, dreißig oder sechzig Minuten später, als es Sie dazu drängt. Schon in dieser kurzen durchgestandenen Zeitspanne entziehen Sie dem Schemen enorm viel Kraft, die der Spannkraft Ihres Willens zufließt. Sie werden dabei erleben, dass die verführerische Lust, wenn Sie ihr nicht sofort nachgeben, deutlich schwächer wird oder für eine Zeit ganz verschwindet.

Kurzentzug:
Bleiben Sie einen Tag, eine Woche, einen Monat standhaft gegen die Schemen. Die begrenzte Enthaltsamkeit ist leichter zu ertragen, weil das Ende abzusehen ist. Trotzdem gewinnen Sie dabei Willenskraft und machen die beglückende Erfahrung, dass Sie es können, wenn Sie es nur wirklich wollen. Jede weitere Enthaltsamkeit fällt dann später leichter.

Reduzierung:
Legen Sie im Voraus fest, wie viel Sie sich für einen Tag, eine Woche, einen Monat, zuteilen wollen, und halten Sie sich eisern daran. Diese konsequente Haltung beweist, dass Sie doch Herr Ihres Selbst sind, und schafft Elementale des Selbstvertrauens.

Ersatzhandlung:
Nützen Sie die Macht der Gewohnheit, um eine ungesunde Angewohnheit, eine Sucht oder eine Leidenschaft, in eine weniger schädliche Gewohnheit umzuwandeln. Sie werden erstaunt sein, wie rasch zum Beispiel der regelmäßige Genuss einer Tasse Tee mit einem Stück Knäckebrot anstelle des gewohnten Weins und der Chips am Abend genauso zu einem täglichen Bedürfnis wird wie zuvor der Alkohol und das fette Knabbergebäck. Auch Jogging statt der Abendnachrichten im Fernsehen oder morgens eine stille Meditation mit einem erbaulichen Buch und Kaffee, statt den Tag zu verschlafen, lassen positive Empfindungen als Grundlage für sinnvolle Ersatzschemen entstehen, die dann schlechte Gewohnheiten beseitigen oder deren Geisteskraft transformieren.

Die Technik der hermetischen Transformation bekämpft die inneren Gegner mit den eigenen Waffen. "Wehret den Anfängen", heißt es zu Recht. Schemen sind langsam wachsende Seelenschmarotzer, die, sobald man sich ihnen hingibt, größer werden, umgekehrt aber mit jedem Mal, wo man ihnen widersteht, an Kraft verlieren. Die Praxis der hermetischen Transformation überwindet jede Sucht.

- Daher ist es nie zu spät, den Kampf zu beginnen. Der richtige Zeitpunkt ist immer, ist heute, ist jetzt.

- Sagen Sie nie: Jetzt ist es schon egal. Im Gegenteil, je tiefer Sie in einer Sucht oder Leidenschaft drinstecken, umso mehr Geisteskraft gewinnen Sie, wenn es Ihnen gelingt, sie zu überwinden.

- Sehen Sie in Rückfällen nur die naturbedingte Erschlaffung der überanstrengten Spannkraft und nicht eine Schwäche oder persönliche Niederlage. Beginnen Sie immer wieder neu und lassen Sie sich nie entmutigen. Es gibt keine Misserfolge, nur Teilerfolge.

- Gestehen Sie sich jedoch Ihre Schwäche vorbehaltlos ein. Sagen Sie nie, Sie haben sie fest im Griff, solange Sie sie nicht völlig überwunden haben. Solche Gedanken sind Einflüsterungen des Schemens oder eines Dämons, der hinter diesem Schemen steht. Seien Sie aber trotzdem überzeugt, dass Sie alles meistern werden, und versuchen Sie es immer wieder.

- Der echte Wunsch, die uneingeschränkte Bejahung des Entzugs muss Grundlage für den guten Vorsatz sein. Dieser ist die erste elementale Zelle für einen inneren Hilfsgeist, der als "Wächterschemen" wachsen wird, weil auch er sich am Leben (in Ihrem Bewusstsein) halten will. Wer nur halbherzig das Rauchen aufzugeben wünscht, dessen Wächter wird auch nur halbherzig seine Aufgabe erfüllen können.

- Bagatellisieren Sie nie die üblen Folgen Ihrer Sucht. Lügen Sie sich nichts vor, denn mit solchen Gedanken verhüllen sich die Dämonen, die hinter den Schemen stehen und mitgenießen

- Schemen der Sucht sind um Süchtige, halten sich in Kleidern auf, lauern in Gasthäusern und Diskotheken, werden von der lauten, dissonanten Techno- "Musik" geweckt. Meiden Sie diese Sekundärgefahren. Suchtschemen sind ansteckend!

- Kontrollieren Sie ständig Ihre Gedanken, denn Vorstellungen wecken Gefühle und Begierden. Diese wieder verstärken die Vorstellungen. Ein Kreislauf, der sich aber auch für erwünschte positive Elementale nützen lässt (siehe Abbildung Seite 92).

- Machen Sie sich daher die Freude bewusst, die Sie bei jedem Sieg empfinden. Anstelle der körperbedingten Lustempfindung durch die Entspannung bei der Befriedigung eines Bedürfnisses soll das geistgetragene Glücksgefühl über die Stärkung der Persönlichkeit durch die Überwindung des Triebes wachgerufen werden. An die Stelle der Lust am Genuss wird die Freude an der gewonnenen Willenskraft treten. Auch die "Elementare der Freude" verbinden sich zu einem Schemen, der sich am Leben erhalten will. Dieser merkt, dass er bei jedem gemeisterten Verzicht einen belebenden Energieschub erhält, und sorgt bald selbst dafür, dass er so oft als möglich ins Bewusstsein gerufen wird. Die Auseinandersetzung mit Ihren Schwächen wird dann für Sie zu einer höchst erfreulichen Beschäftigung, zu einem befriedigenden Geistessport. Sie wissen, dass alles, was Sie irgendwie bedrängt, zu einem Kraftquell für Sie werden kann.

KRAFTSPEICHER FÜR GEISTIGE ENERGIE

Diät-Yoga kennt noch einen weiteren Trick, den man zur Verstärkung seiner Willenskraft anwenden kann.

Wenn man durch Selbstbeherrschung einen Schemen oder Teile von ihm auflöst, um seinen Inhalt zu transformieren, ist auf folgendes zu achten. Man hat es immer mit zwei Faktoren, mit einer Quantität und einer Qualität, zu tun:

1. Mit dem energetischen, bewegenden "seelischen" Anteil in Form eines Elementars. Damit bezeichnen wir die kleine, in einer Wesenszelle gebundene Menge einer speziellen elementaren Urenergie: zum Beispiel Hunger, Gusto, Körpertriebe, Lustbegehren, Leidbefürchtung, Angst, Liebe, Freude, Zuversicht, Hoffnung, Schwermut usw.

2. Mit dem substantiellen bildhaften "geistigen" Anteil in Form des mit dem Elementar verbundenen Elementals. Damit bezeichnet man die aus mentalem Lichtstoff bildhafte gezeichnete Struktur und Hülle, die der Energie ihre spezielle Richtung gibt: zum Beispiel das Bild einer Zigarette oder knusprigen Hühnerkeule, die Vorstellung einer bestimmten Genussempfindung, die Information also, die jeder Wahrnehmung, jedem Gedanken, jeder Idee zugrunde liegt, sie bewusst werden lässt und übertragbar macht. Der im Wort fassbare Begriff.

Löst man nun zum Beispiel einen Nikotin- oder Fressschemen auf – das geschieht, sobald man dem Rauchzwang oder der Esslust widersteht, oder die Regungen ignoriert – so werden die in dem Schemen gespeicherten und jetzt freiwerdenden Energieströme, die Lustelementare, danach trachten, sich mit anderen Elementalen, zum Beispiel Bildern von Bonbons und Schokolade, zu umkleiden, und im Betroffenen neue Vorstellungen mit Lustbegehren beleben. Das muss man unbedingt verhindern, indem man selbst für neue Zielvorstellungen sorgt.

Elementare sind keine blinden Energien, sondern die belebten wesenhaften Teile unseres feinstofflichen Wesens, die sich selbst am Leben halten wollen. Elementare und Elementale haben daher das Bestreben, sich miteinander zu vereinen. Das kann man nützen.

- Elementare gelangen nämlich erst durch den elementalen Anteil in die geistige Ebene. Mit der Vorstellung, die sie beleben, erhalten sie zugleich aus Gedankenstoff eine Art Lichtkleid und haben damit im Bewusstsein des Betreffenden einen Platz und eine Überlebenschance.

- Elementale dagegen, die geistigen Strukturen einer Vorstellung, brauchen wieder die belebende Kraft der Elementare und ziehen diese an sich. Erst mit deren Energie erfüllt können sie die Qualität, die sie ausdrücken sollen, realisieren.

Elementale und Elementare bilden somit eine Einheit, wie zum Beispiel Macht und Kraft oder Qualität und Quantität, und streben diese nach einer Trennung wieder an. Daher muss die Energie, die frei wird, möglichst bald, und zwar bewusst, mit gewollten Vorstellungen verbunden einer neuen Aufgabe zugeführt oder gespeichert werden. Wo das nicht geschieht, verbinden sich die Elementare automatisch wieder mit Elementalen nach dem Muster noch vorhandener Schemenreste oder folgen neuen mentalen Bildstrukturen.

Das ist der Grund, warum so oft bei Diät- und Entwöhnungskuren nach einiger Zeit Rückfälle den Erfolg zunichte machen, und erklärt das Entstehen neuer Bedürfnisse beim Überwinden einer Sucht, wenn zum Beispiel aus einem Raucher ein "Nascher" wird.

Da wir aber die Ursache kennen, lässt sich das leicht vermeiden und sogar zum eigenen Vorteil nützen. Man kann nämlich selbst ganz bewusst eine Wunschvorstellung mit der bei einem Verzicht freigewordenen Energie beleben und aufladen. Man muss dazu nur die aufgewendete Kraft bewusst wieder einfangen, in einem Siegel oder Amulett speichern, oder gleich mit einer neuen Zielvorstellung zu verbinden. Man kann damit nicht nur das Reservoir seiner persönlichen Willenskraft auffüllen, sondern zum Beispiel, wenn man Heiler ist, seinen Heilmagnetismus erneuern, seine Nervenkraft verstärken, Energie für Berufserfolg sammeln, die Strahlkraft seiner persönlichen Ausstrahlung vermehren, usw.

Im Kapitel über IVAR, dem Geist für Willenskraft beschreibe ich eine Technik, die sich zum Speichern der freiwerdenden Energie besonders gut bewährt hat.

MAGIE IST KEINE HEXEREI

GEIST UND GEISTER

Seit Menschen diesen Planeten bevölkern, glauben sie an Götter, Genien und Geister. Ganz gleich auf welchem Kontinent, ganz gleich in welcher Zeitepoche, keine Kultur, die nicht unsichtbare Wesen beschreibt und benennt. Diese Geister, so glaubt man, können sowohl Gutes als auch Böses bewirken und stehen mit den Menschen in engem Kontakt. Sie leben in uns als persönliche Regungen, sie leben um uns als Naturgeister und Dämonen, und sie leben als Götter und Genien im All.

Wenn in diesem Diätbuch von wesenhaften Geistern gesprochen wird, ist das kein Aberglaube aus dem Mittelalter, sondern entspricht dem Wissensstand unserer Zeit. Denn inzwischen hat auch die moderne Wissenschaft die unsichtbaren Welten und Wesen entdeckt, und gibt dem Ungreifbaren einen Namen. Der Geist und die Geister haben wieder einen Stellenwert in Formeln, mathematischen Berechnungen und Thesen:

- Die Astrophysiker lokalisieren draußen in den Weiten des Weltalls, einen unsichtbaren Stoff, der, wie der Geist der okkulten Traditionen das Universum erfüllt.

- Die Psychologen lokalisieren in den Tiefen des persönlichen Inneren unsichtbare Teilpersönlichkeiten der Psyche, die wie Geister und Dämonen agieren.

- Und die Mediziner heilen mit unsichtbaren Vorstellungen, nämlich mit Medikamenten deren Heilwirkung nur in der Einbildung vorhanden sind.

Der Geist im All.

Die hinduistische Mythologie beschrieb bereits vor Tausenden Jahren den unsichtbaren Stoff und die unsichtbare Energie, die den Weltraum erfüllt: Akasha und Prana. Die Chinesen sagen dazu

Tao und Ch'i und auch die westlichen Traditionen glaubten an diesen raumdurchdringenden Geist in Form des allgegenwärtigen Äther. Einstein behauptete zwar, dass es diesen Äther der Okkultisten nicht gibt, aber inzwischen haben wir neue, revolutionäre Erkenntnisse, die seine Meinung widerlegen.

Heute können die Astrophysiker das greifbare Nichts sogar mathematisch nachweisen: Der leere Raum zwischen den Sternen ist nicht leer, sondern tatsächlich angefüllt mit einer geheimnisvollen Substanz und einer geheimnisvollen Energie. Sie nennen diese unsichtbare, undefinierbare, aber hochwirksame feinstoffliche Essenz, die nach ihren Berechnungen die Welt zusammenhält "Dunkle Materie" und "Dunkle Energie". Der Äther wurde einfach unbenannt. Das gleiche beobachten wir bei den Mächten und Kräften, die uns unmittelbar berühren.

Die Geister der Psyche:

Auch Psychologen und Psychotherapeuten haben den Geist und die Geister wieder entdeckt. Sie sagen nur anders zu den unsichtbaren Wesen. Wo früher Götter und Dämonen regierten, wirken jetzt Archetypen aus dem Reich einer Kollektivpsyche auf das Bewusstsein ein, und die aufdringlichen Schemen wurden zu Affekten und Komplexen umbenannt.

Die Psyche besteht, nach den unterschiedlichen psychologischen Schulen, aus Teilpersönlichkeiten, die, wie die Schemen und Geister des magischen Weltbildes, nichts physisch Greifbares sind. Da gibt es zum Beispiel eine Anima und einen Animus, ein Ich und ein Über Ich, ein Es, einen Schatten, ein Selbst, und noch eine Menge andere, nach Aufmerksamkeit oder Befriedigung suchende Affekte und Triebe.

Aus den Göttern und Genien wurden Archetypen, aus Dämonen Schatten, und was die Esoteriker als Schemen bezeichnen, taucht in Form von unterschiedlichen Komplexen wieder auf. Die Wirkkräfte eines Persönlichen- und eines Kollektiven Unbewussten wurden als Bildvorlage auf den Thron der Götter gesetzt, aber nicht als personifizierte eigenständige Regenten, sondern als globales Archiv aller Mächte und Kräfte und als Teilaspekte der Psyche, in Form von unterschiedlichen unbewussten Energien.

Die Geister der Medizin:
Auch Ärzte und Heiler beziehen die unsichtbaren Mächte in ihre Krankheitsbilder mit ein. Während die Schamanen hinter Erkrankungen böse Geister oder verloren gegangen Seelenteile sehen, erklären unsere Mediziner, wenn sie eine Krankheit nicht erkennen, die auftretenden Symptome als psychosomatisch und schreiben deren Ursache der Psyche zu. Damit meinen sie die körperliche Auswirkung einer psychischen Einwirkung, also etwas Lebendiges aber Unstoffliches, das den Körper beeinflusst, erregt oder lähmt.

Ob dieses modernisierte Denkmodell alter Heilkunst für den Kranken hilfreich ist, darf man bezweifeln. Der Patient braucht für seine Krankheit, und für das was ihn gesund machen soll, einen Namen, damit er sich ein konkretes Bild von seiner Heilung machen kann. Auch der Arzt muss wissen, was er behandeln soll und wie man den Geist gesundmachender Vorstellungen in den Patienten verlegt.

Geister muss man in Bilder kleiden und benennen, damit man sie erkennen, erfassen und mit ihnen etwas bewirken kann.

Die Geister der Psychotherapie:
Die Methode der Psychotherapie beschwört zwar die versteckten Geister und strebt die Bewusstmachung der Ursache für die krankmachenden Komplexe an: will die Dämonen aus den Tiefen des Unbewussten ans Licht holen, will sie erkennen und benennen, will sie enttarnen, um sie zu bezwingen, aber auch sie beachten nicht, dass man Geister nur mit Geistern bezwingen kann.

Da wird oft aus den Tiefen geholt, was besser verborgen und abgekapselt geblieben wäre. Oder es werden falsche Dämonen beschworen, die niemals Ursache der Erkrankung gewesen sind. Zum Beispiel "Du bist krank, weil du um deine verstorbene Mutter trauerst" Was soll der Trauernde mit dieser Erkenntnis? Sein Leidkomplex wird damit sicher nicht vertrieben. Oft ist dann ein Geist aus der Flasche und macht sich mit diesem, oder anderen Bildern verkleidet erst recht an den Patienten heran. Was dann tatsächlich zu einer Neurosenursache werden kann.

Die Geister der Hypnose:
Die verblüffenden Wirkungen, die man mit Hilfe der Hypnose erzielen kann, beruhen ebenfalls auf dem "Geister Prinzip": Etwas Unstoffliches, nämlich eine Vorstellung, bewirkt eine physische Reaktion. Das Phänomen der Hypnose ist nicht geklärt. Man weiß nur, dass im veränderten Bewusstseinszustand der Hypnose Suggestionen geglaubt werden und sich die Vorstellungen, soweit sie den Körper betreffen, realisieren. Ärzte nützen den Trancezustand anstelle von Narkosen bei komplizierten Eingriffen am Gehirn, zur Angstbefreiung und Schmerzfreiheit bei Zahnbehandlungen und zur Blutstillung und Verhinderung von Blutungen. Die Suggestion, dass sich die Gefäße zusammenziehen, bewirkt, dass eine Blutung zum Stillstand kommt. Auch zur Suchtbefreiung und Rauchentwöhnung wird Hypnose erfolgreich eingesetzt, und Diät-Yoga bedient sich mit der Hypnoscheibe ebenfalls der Effekte einer Suggestion.

Die Geister der Priester und Schamanen:
Auch die katholischen Priester kennen magische Praktiken, mit denen sie Geister lösen oder binden können. Sie waschen mit der Taufe mentale Keime der Vergangenheit ab. Sie übertragen bei der Firmung den "Heiligen" Geist, wonach sich die Jugendlichen als Erwachsene fühlen. Sie lösen mit der Beichte die Schemen des schlechten Gewissens der Sünder auf, und geben ihnen statt dessen den Geist des Jesus in Form einer Oblate ein, was den Glauben verleiht, dass sie tatsächlich von Sünden gereinigt sind. Sie vertreiben mit der letzten Ölung die Angstgeister vor dem Tod und

holen den solchermaßen entspannten Geist der Sterbenden ins Himmelreich. Und sie treiben, wenn es sein muss, mit konkreten Drohungen sogar den Teufel aus.

Schamanen vertreiben die bösen Geister mit guten Geistern und holen verlorene Seelenteile wieder zurück. Auch sie machen das mit Hilfe von Ritualen und Zeremonien, in die die Patienten eingebunden sind. Da werden die krankheitsverursachenden Geister auf Meerschweinchen übertragen, in Eier gebannt, abgewaschen oder ausgesaugt und ausgespuckt. Da kann sich der Patient, der das alles hautnah miterlebt, etwas vorstellen und diese Vorstellung macht ihn gesund.

Der Psychotherapeut dagegen fragt seinen Patienten, was hast du verdrängt, was hat dich traumatisiert? Was hast du getan oder nicht getan, das dein Gewissen bedrückt und das du vergessen willst? Der Kranke fühlt sich damit als Verursacher seiner Erkrankung und denkt, er muss sich selber heilen.

Der Patient wünscht sich eine andere Diagnose. Die Erklärung "Psychosomatisch" liefert zwar auch ein Bild, aber kein konkretes, und macht den Kranken zum Schuldigen, indem sie ihn für übersensibel erklärt.

Unsere Ärzte lassen die Patienten mit ihren Geistern allein, oder überlassen sie den Energetikern und Asphaltschamanen, die den Technikgläubigen, die nicht mehr an Pendel und Kristallkugel glauben, mit Bioresonanzgeräten und Bio-Scan Quantenanalysen Hoffnung auf Gesundheit geben. Für die immer noch Wundergläubigen wecken sie mit Steinen, Duftstoffen, Klangschalen und Heilmassagen neue Geister, die sich dem Patienten in entspannter Stimmung als angenehme Körperempfindungen einprägen und später als Gesundmacher in Erinnerung rufen lassen. Als Draufgabe gibt es exotische Nahrungsergänzungsmittel.

Ihre Heilerfolge, soweit sie solche verbuchen, beruhen allesamt auf dem Geist einer Einbildung hinter der eine bestimmte Vorstellung, aber kein stoffliches, greifbares, wirksames Heilmittel steht. Bekannt als Placebo.

Die Geister des Placebo Effekts:
Obwohl der Placebo Effekt auf einer Einbildung beruht, ist die Auswirkung, zum Beispiel eine erwartete Schmerzlinderung, keine Einbildung, sondern eine tatsächliche, objektivierbare Besserung, hervorgerufen durch eine physisch nachweisbare Körperreaktion. Ein chemisch unwirksames Scheinpräparat löst im Körper neurophysiologische und chemische Reaktionen aus, welche in der Folge eine Schmerzlinderung bewirken. Dieser Effekt tritt bei fortgesetzter Behandlung auch ein, wenn dem Probanden gesagt wird, dass es sich bei dem Mittel nach wie vor um ein Scheinpräparat handelt. Klingt unglaublich, wurde aber in zahlreichen wissenschaftlichen Studien nachgewiesen.

Ob es nun Geister oder Vorstellungen sind, die den Placebo Effekt auslösen, ist im Grunde genommen nicht von Bedeutung. Faktum ist: Etwas Unstoffliches bewirkt eine stoffliche Reaktion. Auf diesen geheimnisvollen Mechanismus kommt es an. Nicht nur die Schamanen und Scharlatane profitieren davon, auch die Erfolge mit Homöopathie und Akupunktur, mit Tai Chi und Chi Gong, mit Formeln, Zeremonien und Ritualen gehören dazu.

Und auch wir nutzen für mit Diät-Yoga den Zusammenhang zwischen Geist und Materie: Gedanken können gesund oder krank machen, lähmen oder aktivieren, Hoffnung machen, Schmerzen lindern, Bedürfnisse wecken, aber auch – Willenskraft mobilisieren.

Die Geister der magischen Tradition:
Der Unterschied des Geistermodells der alten Traditionen zu den Erklärungen der modernen Wissenschaften ist, dass das alte Weltbild die wirkenden Energien hierarchisch gliedert und ihnen ein Eigenleben mit einem Selbsterhaltungstrieb zuspricht.

Nur weil diese Mächte zumeist im oder über das Unterbewusstsein agieren, bedeutet das nicht, dass sie nicht auch außerhalb eines menschlichen Bewusstseins existieren. Es gibt ja auch Sie als Leser und Empfänger meiner Gedanken, und mich als Urheber der Vorstellungen und Gedanken, die Sie gerade in sich wahrnehmen und verstehen.

Die feinstofflichen Mächte, ganz gleich wie man sie benennt, wurden bisher nicht aufgegriffen und sichergestellt. Weder die unsichtbare Materie, noch die unsichtbaren Energien der Psyche. Aber sie sind wissenschaftlich nachgewiesen und ständig präsent.

Sie bewegen und beleben uns, treiben an oder lähmen, und sorgen dafür, dass unser Bewusstsein und das Universum nicht auseinander fällt.

Und es sind keine blinden Energien. Wer je mit einem Suchtschemen kämpfte, wird das bestätigen. Obwohl sie Wesensteile des eigenen Wesens sind, führen sie ein Eigenleben, und sind Gegner, die man zeitgerecht in die Schranken weisen muss. Wem das nicht gelingt, dem wachsen sie über den Kopf.

Das betrifft auch die heimtückischen Geistschmarotzer einer Nichtsubstanzgebundenen Sucht. Die werden oft nicht als Schemen erkannt, obwohl gerade sie der Beweis dafür sind, dass man es nicht mit Körpertrieben, sondern mit mentalen Mächten, also mit Vorstellungen, die einen gegen den eigenen Willen bewegen, zu tun hat: Zum Beispiel Spielleidenschaft, Internetsucht, Handyneugier.

Dazu gehört auch der "Sehn-Sucht Schemen", der die Liebe schürt. Er wird selten enttarnt. Keiner merkt es, dass sich die "Große Liebe", ganz gleich ob sie gerade glücklich oder unglücklich verläuft, im Kopf abspielt und nicht in der Realität. Die heißgeliebte Person, um die es geht, ist austauschbar, wird auch ausgetauscht, zumeist sogar mehrmals im Leben. Und sie wird vergessen. Das Bild von ihr verblasst. Aber der Schemen bleibt und entfacht mit einem neuen Traumbild eine neue große Liebe, von der man wieder ergriffen wird, bis man die Tatsachen erkennt und ernüchtert aus seinen Träumen erwacht. Auch diese Geister müssen durchschaut und kontrolliert werden, damit man mit den Gefühlen, die sie wecken, nicht den Boden unter den Füßen verliert.

Zum Glück kennt die magische Tradition nicht nur die negativen, sondern auch die positiven Geister, die man über die psychophysischen Mechanismen mobilisieren kann. Einer davon ist **IVAR**.

DER GEIST FÜR WILLENSKRAFT

IVAR ist die Intelligenz der Transformation. Mit seiner Hilfe weckt und speichert man die Energie für seine Willenskraft. IVAR steht dem ICHSELBST bei der Überwindung und Umwandlung seiner unerwünschten Wesenszellen bei. Genauso hilft er, die bei der Transformation freiwerdenden Energien in ein geeignetes Reservoir zu leiten. Sein Siegel, auf einem Amulett oder einer magischen Waffe graviert, ist daher ein ideales Symbol, in dem man die gewonnene Kraft bis zur weiteren Verwendung speichern kann. Nach dem Prinzip des "großen und kleinen Kyilkhors" – ich beschreibe diese Technik, die aus Tibet stammt, in meinem Buch "Die vier Elemente, Der geheime Schlüssel zur geistigen Macht"[1] – wird sich die solchermaßen gestaute Energie durch die Hilfe dieser Intelligenz sogar noch verstärken, weil man damit direkt das "Energiefeld" seiner Ebene anzapfen kann.

Zeichen, Formel und magische Geste des IVAR sind Akkumulatoren für Lebenskraft und Geistesmacht.

Das Siegel IVAR

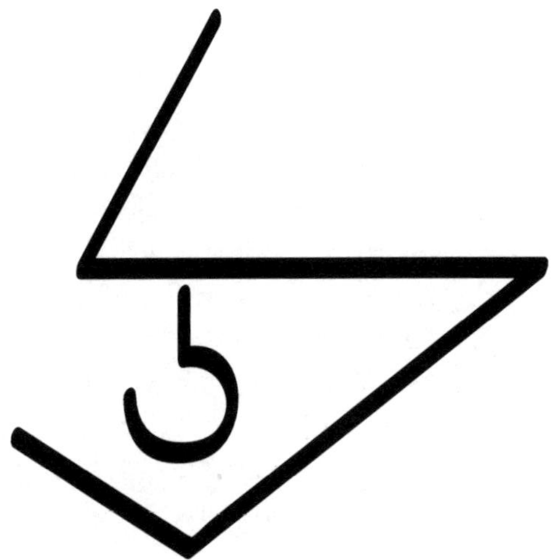

Das Siegel des IVAR wurde aus dem Pentagramm gezogen und ist in einer leuchtend strahlenden goldschimmernden Farbe darzustellen. Im "Schutzengelbuch[2]" wurde bereits ausführlich die Verwendung eines IVAR-Amuletts beschrieben.

Entsprechend den drei Bannungsmöglichkeiten einer feinstofflichen Macht und Kraft hat IVAR jedoch neben seinem Siegel auch eine Formel und eine magische Geste, mit der man sein Energiefeld nützen kann.

- **Die Formel des IVAR:** "*Ivar löst die Macht der Lust (Angst) und spannt die Kraft meines Willens – ich kann, was ich will!*"

- **Kurzformel:** "*IVAR ICH WILL ICH KANN.*" Damit bekräftigt man sein Vorhaben, drückt unmissverständlich seinen Willen aus, mit dem man über die ungewollten Regungen seiner Larven und Schemen gebietet, und versichert sich zusätzlich der Unterstützung dieser Intelligenz.

- **Die magische Geste des IVAR:** Mit dieser Geste kann man die energetischen Ströme des Siegels in die Hand leiten und entsprechend seinem Willen im Vitalkörper mobilisieren. Wie eine Formel und eine "magische" Geste funktionieren und wie man damit arbeitet, beschreibt Franz Bardon ausführlich in seinem Werk: "Der Weg zum wahren Adepten"[3]. In meinem Buch: "Die vier Elemente - der geheime Schlüssel zur geistigen Macht"[1] wird der zugrunde liegende psychophysische Mechanismus verständlich erklärt.

Es funktioniert, nach dem Prinzip vom bedingten Reflex, ähnlich wie die Macht der Gewohnheit, oder wenn Sie einen Knopf in ein Taschentuch machen, um sich später an etwas zu erinnern. Wenn Sie den Knopf machen, bannen (programmieren) Sie etwas, und sobald Sie ihn sehen, fällt es Ihnen wieder ein; und wenn Sie die

[1] *Die vier Elemente, Emil Stejnar, ISBN 978-3-85052-247-2, Ibera Verlag, Wien*
[2] *Das Schutzengelbuch, Emil Stejnar, ISBN 978-3-85052-251-9, Ibera Verlag, Wien*
[3] *Der Weg zum wahren Adepten, Franz Bardon, ISBN 978-3921338575, Rüggeberg*

bestimmte magische Geste machen, programmieren Sie auch etwas in Ihrem Bewusstsein, Sie können es mit der Formel noch bekräftigen (nochmals abspeichern) und mit der selben Formel oder Geste wieder abrufen. Sie holen sich die damit verbundene energiegeladene Vorstellung und geistige Kraft, zum Beispiel "Ich will und ich kann" wieder ins Bewusstseinsfeld.

Eine magische Geste ist also nichts Magisches, sondern ein psychophysischer Vorgang. Sie können damit arbeiten, auch wenn Sie nicht an Genien und Geister glauben.

Die Magische Geste IVAR

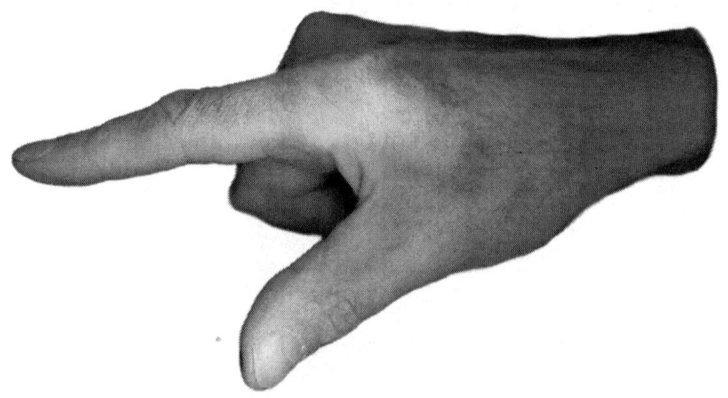

Die IVAR-Geste wird mit der rechten Hand gebildet. Ballen Sie eine Faust und stellen Sie sich die feste Spannkraft und die darin eingeschlossen feurige Energie vor. Dann strecken Sie den Zeigefinger und Daumen heraus wie den Lauf einer Waffe oder die spitze Schneide eines Dolches und imaginieren Sie, wie aus der geballten, expansiven Hitze der kraftvolle, goldene Lichtstrahl Ihres Willens herausschießt. (Die Taoisten machten die Geste mit dem Zeige- und Mittelfinger und dachten dabei an ein Schwert.)

So wie mit der Formel und dem Siegel kann man auch mit der Geste des IVAR die analoge Macht und Kraft in sich bannen und wecken und damit seine eigenen Energien verstärken. Am wirkungsvollsten ist es aber, wenn man sich aller drei Methoden bedient.

Jedes Mal, wenn es Ihnen gelingt, der Versuchung eines Lustschemens zu widerstehen, also wenn Sie zum Beispiel naschen oder rauchen wollten und es schafften, standhaft zu bleiben, nehmen Sie sofort das Siegel des IVAR in die Hand, machen mit den Fingern seine Geste und ziehen damit imaginativ die freigewordene Kraft in das Amulett.

Umgekehrt können Sie im Bedarfsfall die gespeicherte Energie mit der Formel und magischen Geste wieder lösen und Ihre Willenskraft für das jeweilige Vorhaben verstärken. Wenn Sie zum Beispiel befürchten, Sie können einer Versuchung nicht widerstehen, nehmen Sie das Siegel, machen die Geste und holen sich die gespeicherte Kraft. Sie werden erstaunt sein, wie zuverlässig das wirkt.

Eine magische Geste wirkt auch ohne Formel und Siegel. Sie können damit auch jede andere bei einer geistigen, emotionalen oder körperlichen Anstrengung aufgebrauchte Energieform bannen. Zum Beispiel wenn Sie Ihre Trägheit überwanden, eine unangenehme Arbeit doch noch erledigten, sich beherrschten und die Wut nicht zeigten, usw. Wenn Sie zum Beispiel beim Joggen mit der Geste des IVAR laufen (viele machen das unbewusst), können Sie damit, wenn Sie es bewusst imaginieren, die ganze aufgewendete Energie zurückgewinnen und später bei Müdigkeit zum Aufladen Ihrer Lebenskraft einsetzen oder bei der nächsten Esslust zur Abwehr von Hungerschemen verwenden. Mehr über magischen Gesten erfahren Sie in dem Buch "Der Weg zum wahren Adepten" von Franz Bardon.

Man kann auch geistig fasten.
Es gibt auch eine mentale Diät und Enthaltsamkeit. Zum Beispiel Kommunikations- und Informationsdiät. Seit jeher wussten die Weisen und Eingeweihten die reinigende und stärkende Wirkung der Einkehr und Stille zu schätzen.

Man muss sich nicht täglich mit den neuesten Nachrichten aus der Zeitung und dem Fernsehen voll stopfen. Wenn man genau aufpasst, wird man merken, es sind sowieso immer die gleichen Berichte, nur die Namen der Opfer und Täter ändern sich. Bekäme man täglich den gleichen Eintopf serviert, würde man davon bald genug bekommen. Bei den Skandalen und Katastrophen, die man täglich vorgesetzt bekommt, müsste einem schon längst speiübel geworden sein. Man wird heute überschüttet mit Eindrücken, die zumeist schrill untermalt und hektisch präsentiert werden, und für deren unbewusste Abschirmung man wertvolle Nervenkraft verliert.

Das gleiche gilt für die Informationsflut, deren Dauerkonsum bereits für viele Menschen zur Sucht geworden ist. Handygucken, Internet, Tageszeitungen, Radio, Teletext, Fernsehgerät. Man wird zum begierigen Aufschnapper bedeutungsloser Kleinigkeiten und Lügen, und beteiligt sich selbst daran, indem man den Gedankenschrott weiterreicht.

Es ist nicht notwendig, alles, was man erfährt oder was einem so durch den Kopf geht, sofort zu verbreiten. Auch Schweigen stärkt den Geist. Jeder Verzicht stärkt Ihren Willen. Auch der Verzicht auf diese völlig unnötigen mentalen Reize, die man, ohne es zu merken, täglich im Übermaß konsumiert, eignet sich hervorragend, um innere Kraft zu sammeln, die einem dann für den Verzicht auf körperbedingte Bedürfnisse, wie essen, naschen, rauchen oder trinken, zur Verfügung steht.

HILFE MITTELS SELBSTHYPNOSE

Rückschläge sind auch bei der disziplinierten Diät nicht auszuschließen. Das ist normal und absolut kein Grund zu resignieren. Neben dem Jojo-Effekt gibt es nämlich noch eine andere heimtückische Falle, in die man tappen kann: die Depression.

Dass die Depressionsfalle zuschnappt, kann zwei Gründe haben: entweder ein echter Schicksalsschlag mit Seelenstress, so dass einem alles völlig gleichgültig ist, auch das Aussehen und das Höchstgewicht, oder Schlamperei bei der Beachtung der Diätregeln: zu häufige Entgleisungen, zu wenig Sport, Experimente mit den Mahlzeiten oder Kalorien. Es bewegt sich nichts nach unten. Im Gegenteil, es gelingt nicht einmal das Alarmgewicht zu halten, was Resignation hervorruft und Zweifel am Gelingen aufkommen lässt. Man entfernt sich immer mehr von seinem Ziel, ist enttäuscht und gibt auf. Ein übler Kreislauf, der sich aber vermeiden lässt, wenn man wachsam bleibt, ein Kreislauf, den man auch leicht durchbrechen kann.

Wir verwenden dazu die Hypnoscheibe und passende Psychoformeln. Die Anwendung ist ganz einfach, der Erfolg verblüffend, das Geheimnis liegt in der Macht der Suggestion.

Hypnose – der natürlichste Zauber der Welt

Der Einsatz von Hypnose hat sich bei Diäten und Rauchentwöhnung hervorragend bewährt. Immer mehr Menschen lassen sich gezielt gegen Ihre Esslust oder Nikotinsucht hypnotisieren und gelangen auf diese Weise tatsächlich problemlos an ihr Ziel. Über Diäterfolge mit Hypnose werden wahre Wunder berichtet. Dabei ist es gar kein Wunder. Jeder, der den Mechanismus des Bewusstseins kennt und die Funktion der Suggestion und Glaubenskraft richtig einsetzt, kann damit Wunder vollbringen. Hypnose ist der natürlichste Zauber der Welt.

Leider haben die meisten Menschen von der Hypnose eine völlig falsche Vorstellung. Viele haben sogar Angst davor, weil sie befürchten, sie liefern sich damit einem Hypnotiseur völlig aus, oder weil sie in dem Vorgang etwas Übernatürliches vermuten. Aber das Gegenteil ist der Fall.

Hypnose ist ein ganz natürlicher Vorgang. Sie erleben diesen Zustand täglich zumindest einmal vor dem Einschlafen, in der Regel aber viel häufiger, als Sie denken: zum Beispiel, wenn Sie in ein spannendes Buch vertieft sind und die Umwelt um sich vergessen, wenn Sie konzentriert an etwas denken oder Tagträumereien nachhängen, wenn Sie sich schöner Musik hingeben oder sich von Stimmungen und Gefühlen tragen lassen. Immer wenn Vorstellungen zu Bildern werden und man beginnt, seine Gedanken als Realität zu erleben, befindet man sich in einem mehr oder weniger tiefen hypnotischen Bewusstseinszustand.

Hypnose ist daher nicht Bewusstlosigkeit oder Schlaf, sondern im Gegenteil entspannte innere Wachheit. Die Aufmerksamkeit wird, ohne wie im normalen Wachzustand ständig abzuschweifen, um den eigenen Standpunkt zu lokalisieren, ausschließlich auf bestimmte Empfindungen, Gefühle oder Gedankenbilder gerichtet. Dadurch wird das Bewusstseinsfeld eingeengt und auf diese Vorstellungen beschränkt. Man schläft also nicht, sondern lässt sich von den Gedanken tragen. Man ist nur physisch passiv, der Geist bleibt wach und aufmerksam, wird aber nicht von der Umwelt abgelenkt. An seine Umgebung denkt man nicht. Die Aufmerksamkeit ist auf ganz wenige Vorstellungen und Bilder fokussiert.

Angst vor Hypnose ist somit völlig unbegründet. Hypnose wird nämlich erst in Form von Selbsthypnose, also Autosuggestion, wirksam. Immer ist es der Hypnotisierte selbst, der sich hypnotisiert. Sie müssen dazu keinen Hypnosetherapeuten konsultieren. Was Sie wollen, können Sie genauso gut selbst formulieren und als Vorstellung in Ihrem Bewusstsein deponieren. Voraussetzung ist körperliche Entspannung, Gelassenheit und ein ungestörter Raum. Den Hypnotiseur ersetzen Sie mit der Hypnoscheibe.

DIE HYPNOSCHEIBE

Die Hypnoscheibe, die in diesem Buch auf Seite 185 abgebildet ist, hilft Ihnen, rasch in den für die Selbsthypnose notwendigen entspannten Zustand zu gelangen. Das Geheimnis der Hypnose ist nämlich, dass man in einer ruhigen, gelösten Stimmung (denken Sie an Ihre Tagträumereien) sieht, was man denkt, und glaubt, was man sieht. Diese offene, empfangsbereite, vertrauensvolle Einstellung ist die Grundlage des Erfolgs jeder Suggestion.

Was einem der Hypnotiseur schildert und man sich bildlich vorstellt, erscheint einem in diesem veränderten Bewusstseinszustand bereits als Realität und ist damit tatsächlich, als Keim zur Verwirklichung, im Bewusstsein verankert.

Zweifel wäre hinderlich. Die Stimmung muss von gläubiger Zuversicht getragen sein. Wem es nicht gelingt den Zweifel an seine hypnotischen Fähigkeiten auszuschalten (ohne Hypnose Therapeuten kann das am Anfang passieren), wendet einen Trick an: Das Vertrauen, das man in einen Hypnotiseur setzt, dem man zutraut, dass er hypnotisieren kann, überträgt man auf etwas anderes, auf eine Tatsache, die man glauben kann; zum Beispiel auf die Vorstellung, dass es richtig und sehr vernünftig ist, wenn man seine Essgewohnheiten nach der Jojo Kurzdiät einrichtet. Dass weniger essen nachweislich erfrischt und munter macht. Dass es gesund ist, abzunehmen. Dass es glücklich macht, seinen Willen wachsen und seine Fettreserven schmelzen zu sehen. An diesen Tatsachen ist sicher nicht zu zweifeln. Formeln, die das ausdrücken, werden sich daher realisieren.

Rufen Sie sich deshalb, ehe Sie mit der Hypnoscheibe zu arbeiten beginnen, diese innere Einstellung als logische Grundlage Ihrer Absicht, zu fasten, ins Bewusstsein. Stützen Sie sich darauf, vertrauen Sie darauf, seien Sie überzeugt, dass Sie sich auf dem richtigen Weg befinden und deshalb Erfolg haben müssen.

Selbsthypnose mit der Hypnoscheibe

Es sind dazu keine langweiligen Meditationen oder komplizierte Techniken wie bei Yoga, Chi Gong oder esoterischen Übungen nötig. Es genügt, wenn Sie sich ganz einfach zehn Minuten Zeit für sich und Ihre Gesundheit nehmen. Dann machen Sie die folgenden Schritte:

1. Abschalten
2. Zurückziehen
3. Einstimmen
4. Schweben

Abschalten:

Unterbrechen Sie die Tätigkeit, mit der Sie gerade beschäftigt sind, und machen Sie eine Pause.

Zurückziehen:

Suchen Sie einen Raum auf, wo Sie ungestört sind. Achten Sie darauf, dass Sie bequem sitzen. Platzieren Sie die Hypnoscheibe in der gewünschten Position und entspannen Sie sich.

Einstimmen:

Mit geeigneter Musik können Sie eine harmonische Stimmung wachrufen. Die vertrauensvolle zuversichtliche geistige Einstellung bekommen Sie, indem Sie sich nochmals klarmachen, wie wichtig und sinnvoll die neue Lebensweise, mit den bewussten Essgewohnheiten der Jojo Kurzdiät, für Sie und Ihre Gesundheit ist. Dann meditieren Sie über Ihre "Absichtserklärung", in der Sie Ihr Diätvorhaben formulieren, oder spielen Sie eine entsprechende Suggestions-CD ab.

Schweben:

Das Gefühl der Leichtigkeit stellt sich ein, sobald Sie entspannt, bewusst und gelassen atmen. Sie können zwischendurch den Zustand immer mehr vertiefen, indem Sie die Augen öffnen und auf das Zentrum der Hypnoscheibe schauen. Wiederholen Sie dabei immer wieder die jeweilige Psychoformel. Ab jetzt geben Sie der Ess- und Naschlust keine Chance, je wieder hochzukommen. Sie lösen jede Vorstellung davon schon im Entstehen der Gedanken auf. Und Sie bleiben auch in Zukunft wachsam, denn Sie halten mit den regelmäßigen Meditationen die gute Absicht im Bewusstsein immer aufrecht.

Natürlich können Sie auf diese Weise jeden Wunsch und jeden guten Vorsatz in Worte bannen und Ihrem Bewusstsein zur Realisierung einpflanzen. Statt Naschen können Sie Rauchen, Trinken oder Koksen in den Text einfügen und eine entsprechende Psychoformel und Absichtserklärung formulieren.

Suggestionen sollten anfangs öfter wiederholt werden, dann verstärkt sich der Effekt. Nach dem Gesetz vom bedingten Reflex wird sich jede Suggestion mit jeder Wiederholung automatisch vertiefen und sich dabei ganz von selbst realisieren. Seien Sie fest davon überzeugt: Sie brauchen nur regelmäßig mit der Hypnoscheibe und einer entsprechenden Psychoformel arbeiten, und der Erfolg ist vorprogrammiert.

Die Praxis mit der Hypnoscheibe

Die Hypnoscheibe ist ein pulsierendes Mandala, mit dem man sich rasch entspannt und den gehobenen Bewusstseinszustand, in dem die Psychoformeln wirksam werden, erreicht.

Man platziert die Scheibe gut sichtbar in einer Entfernung von cirka 30 bis 50 cm vor sich auf dem Tisch, oder noch besser, man befestigt sie an der Wand, etwas oberhalb der Augenhöhe, so dass man bei gerade gehaltenem Kopf die Augen leicht nach oben verdrehen muss.

Sitzen Sie entspannt und bequem. Fixieren Sie den weißen Mittelpunkt. Nichts darf Ihren Blick ablenken. Atmen Sie locker, ruhig und entkrampft. Vom Zentrum des Mandalas bewegen sich nun kreisförmige Wellen auf Sie zu. Solange Sie den Mittelpunkt fixieren, wird das Mandala pulsieren und Sie werden einen leichten

Druck und ein Schwindelgefühl im Kopf verspüren. Nach einigen Minuten haben Sie die Voraussetzungen für eine echte Tiefenentspannung erreicht.

Erwarten Sie aber nicht, dass Sie sofort in tiefe Trance verfallen. Das ist auch gar nicht nötig. Versuchen Sie auch nicht alle Gedanken auszuschalten oder sich krampfhaft auf etwas zu konzentrieren, auch das wäre nur hinderlich. Alles, worauf es ankommt, ist Entspannung, Gelöstheit und Gelassenheit.

Lassen Sie es zu, dass Sie in den für die Suggestionen notwendigen entspannten Bewusstseinszustand versinken. Tauchen Sie ein in die Tiefen Ihrer Phantasien. Lassen Sie sich fallen. Wie ein Stein im Wasser. Stellen Sie sich das in allen Einzelheiten bildlich vor. Die Gedanken an den Alltag entschwinden, verblassen, sind bedeutungslos. Denken Sie nur, dass Sie ruhen wollen. Entspannen Sie sich, bis Sie ein angenehmes Gefühl verspüren. Wohlig, behaglich, fast schläfrig soll es sein, lassen Sie sich also ruhig treiben. Atmen Sie ruhig, nicht nur mit dem Brustkorb, sondern auch mit dem Bauch (Zwerchfellatmung), und atmen Sie länger aus, als Sie einatmen. Es atmet Sie. Ihre Hände werden warm. Sie sind ganz ruhig. Die Schläfrigkeit wird immer größer, die Augen beginnen zu tränen, Ihr Blick verdunkelt sich.

Schließen Sie jetzt die Augen und versuchen Sie, sich noch mehr von allen Gedanken und Gefühlen zu lösen. Nur die Empfindung der Gelöstheit bleibt. Fühlen Sie sich leicht, ganz leicht, entspannt und gelöst. Stellen Sie sich vor, wie der Vollmond sanft die Dämmerung erhellt, dann verschwindet auch dieser Schein, und mit dem letzten Schimmer schwindet auch die letzte noch vorhandene Körperempfindung. Absolute Stille ist um Sie. Sie sind leicht, atmen leicht, fühlen sich leicht und sind vollkommen leicht und gelöst.

Sie schweben und gleiten immer tiefer und tiefer in den unendlichen weiten See eines angenehmen Ruhezustands. Alles ist gleichgültig. Sie erleben das Phänomen der Hypnose: Sie sind wach und denken gleichzeitig, dass Sie Ihr ganzes Dasein bloß träumen würden. Schweben Sie, ohne zu schlafen, in diesen gedankenlosen Phantasien.

Wenn Sie sich jetzt vorstellen, eine Fliege landet auf Ihrer Hand, werden Sie die kühle Berührung tatsächlich verspüren. Und wenn Sie sich vorstellen, dass Ihre Willenskraft mit jedem Tag, an dem Sie fasten, wächst, wird Ihr Wille am nächsten Tag tatsächlich stärker sein. Wenn Sie sich vorstellen, dass Sie auf dem richtigen Weg sind, und dass es Ihnen Freude macht, zu erleben, wie sich Ihr Gewicht reduziert, werden Sie tatsächlich mehr Freude am Diäterfolg haben als am kurzen Fressgenuss. Rufen Sie sich das alles in Erinnerung. Bleiben Sie dabei ruhig und entspannt, atmen Sie gleichmäßig, locker und gelöst.

Wiederholen Sie jetzt mehrmals im Geist eine der Psychoformeln:

"Ich bin ganz ruhig, zufrieden und satt."
"Essen kann warten, ich kann warten."
"Fasten macht Freude, mein Wille bleibt fest."
"Hunger ist mir ganz egal"
"Ich will noch schlanker sein."
"Weniger Pfunde ist mehr Persönlichkeit."
"Fettpolster schwinden, Persönlichkeit wächst."
"Mein Wille ist stärker als die Lust der Triebe."
"Denke ich an Essen (Süßes) kommt Abneigung auf."
"Schlank sein macht Freude."
"Fasten ist für mich gesund"
"Fasten macht mich fit und munter"
"Ich will lieber schlank sein als essen"
"Ich bestimme selbst über meinen Körper"

Seien Sie überzeugt, dass alles, was Sie sich jetzt vorstellen, sich automatisch Ihrem Bewusstsein einprägt. Es ist dazu gar nicht nötig, sich in tiefe Trance zu versetzen. Sie müssen nur auf drei Dinge achten: Erstens ist der entspannte Zustand wichtig, zweitens die zuversichtliche Stimmung, und drittens müssen Sie eine konkrete Vorstellung von dem haben, was Sie in der Formel ausdrücken und verwirklicht sehen wollen.

Suggestionsformeln, die sich in der Praxis bewährten

"Ich bin ganz ruhig und entspannt. Ab jetzt esse ich zu jeder Mahlzeit etwas weniger. Ich spüre eine große Abneigung gegen alles, was fett ist und dick macht. Wenn ich Essen sehe, verstärkt sich sofort mein Widerwille dagegen. Wurst und Käse riechen schlecht, schmecken chemisch und nach Plastik. Essen ist mir völlig gleichgültig. Ich atme ruhig und entspannt und fühle mich wohl. Zu viel Essen liegt schwer im Magen. Es ekelt mich davor. Diese Einstellung bleibt immer in mir verankert. Wurst ist fett, Wurst macht fett, Wurst ist ungesund für mich. Ich spüre Widerwillen gegen Würste und Pommes frites. Ich weiß, zu viel essen würde meiner Gesundheit schaden. Meine Abneigung gegen Essen wird von Tag zu Tag immer stärker. Denke ich an Essen, kommt Abscheu auf. Ich esse daher automatisch von Tag zu Tag weniger. Ich fühle mich sehr wohl dabei und ich weiß, dass mir die neue Einstellung gut tut. Ich spüre deutlich, wie sich meine Gesundheit bessert und meine Kondition verstärkt. Schlank sein macht Freude. Ich nehme jede Woche ein Pfund ab. Mein Körper verbrennt jetzt viel mehr Kalorien. Sobald ich das Band höre (diesen Text lese), bin ich sofort zuversichtlich und entspannt.

Was ich höre (lese), prägt sich tief in mein Bewusstsein und ich befolge alles gerne. Mein Körper wird von Tag zu Tag immer schlanker und schöner. Ich bin überzeugt davon und erlebe es täglich, wie es mir gelingt, meine Vorsätze einzuhalten. Ich freue mich, dass ich mich entschlossen habe, Diät-Yoga zu praktizieren. Es fällt mir von Tag zu Tag leichter, meinen Diätplan auszuführen. Essen ist mir schon ganz gleichgültig, wichtig ist mir der Erfolg mit der Diät. Der disziplinierte Umgang mit dem Essen ist bereits ein Teil meiner Persönlichkeit. Ich fühle mich sehr wohl dabei."

Formulieren Sie den Text so, dass dabei Ihre persönlichen Schwachpunkte berücksichtigt werden. Wenn Sie zum Beispiel gerne naschen, wählen Sie folgenden Text:

Ab jetzt nasche ich weniger Süßigkeiten. Ich spüre eine große Abneigung gegen alles, was süß ist. Wenn ich Süßigkeiten sehe, verstärkt sich sofort mein Widerwille dagegen. Süßspeisen sind mir völlig gleichgültig. Kuchen, Schokolade und Bonbons liegen schwer im Magen. Ich atme ruhig und entspannt und fühle mich wohl. Süßes schmeckt aufdringlich penetrant und unnatürlich. Es ekelt mich davor. Diese Einstellung bleibt immer in mir verankert. Schokolade ist fett, macht fett und ist ungesund. Ich spüre Widerwillen gegen Schokolade und ich weiß, sie schadet meiner Gesundheit. Meine Abneigung gegen Süßspeisen wird von Tag zu Tag immer stärker. Denke ich an Süßes, kommt Abscheu auf. Ich nasche von Tag zu Tag weniger. Ich fühle mich sehr wohl dabei und ich weiß, dass mir die neue Einstellung gut tut. Ich spüre deutlich, wie sich meine Gesundheit bessert und meine Kondition verstärkt. Schlank sein macht Freude. Ich nehme jede Woche ein Pfund ab. Mein Körper verbrennt jetzt viel mehr Kalorien. Sobald ich das Band höre (diesen Text lese), bin ich sofort zuversichtlich, gelöst und entspannt. Was ich höre (lese), prägt sich tief in mein Bewusstsein, und ich befolge alles gerne. Ich bin überzeugt davon, dass ich es kann und erlebe, wie es mir gelingt, meine Vorsätze einzuhalten. Es fällt mir von Tag zu Tag leichter, meinen Diätplan auszuführen. Naschen ist mir schon ganz gleichgültig, wichtiger ist mir der Erfolg mit der Diät. Der disziplinierte Umgang mit dem Naschen ist bereits ein Teil meiner Persönlichkeit. Ich fühle mich wohl dabei.

Hypnosetherapie und Hypnoscheibe

Beide Methoden lassen sich sehr gut kombinieren. Mit Hilfe des Hypnotherapeuten vermeiden Sie Anfangsschwierigkeiten, die Sie vielleicht haben würden, wenn Sie allein beginnen, und mit der Hypnoscheibe vermeiden Sie Rückfälle, die sonst bei Abbruch einer Hypnosebehandlung auftreten können.

Wenn Sie sich an einen Hypnosetherapeuten wenden, wird das Ihre Trance Arbeit mit der Hypnoscheibe erleichtern und die Wirkung verstärken. Und mit der Hypnoscheibe wird der Effekt einer Hypnosebehandlung noch vertieft. Sie haben die Scheibe immer zur Hand und können nach den Behandlungen auch alleine jederzeit Ihr Unterbewusstsein programmieren.

Bitten Sie den Hypnotherapeuten, er möge Ihnen eine posthypnotische Suggestion eingeben, die Sie in die Lage versetzt, mit der Hypnoscheibe jederzeit und sofort wieder in den selben entspannten Bewussteinszustand zu gelangen, in dem Sie sich während der Behandlung bei ihm befinden. Er kann Ihnen sicher auch Tonträger mit entsprechenden Suggestionen empfehlen, die Sie dann zuhause, in Verbindung mit der Hypnoscheibe, abhören können und Bücher nennen, die Sie über den letzten Stand der Erkenntnisse über Suggestionstechniken informieren.

Dazu eine Bemerkung

Im Gegensatz zu anderen okkulten Traditionen strebt die Magie und Mystik des 3. Jahrtausend nicht Trance, sondern Wachsein an. Man soll sich nicht in abgehobenen Meditationen verlieren, sondern in der klaren konkreten Vorstellung "Ich bin" erfassen und finden. Das Mysterium der Vorstellung "Ich bin" erlebt man tatsächlich jedes Mal so, als würde man erst jetzt geboren und erwachen.

Die Wahrnehmung: "Ich bin" ist die bedeutungsvollste Erkenntnis die man sich ins Bewusstsein rufen kann. Am besten mehrmals am Tag. Man findet sich damit selbst und distanziert sich gleichzeitig von allem, was man nicht ist. Auch von den unerwünschten Trieben, Regungen und Schemen, zu denen man, sobald man sich auf sich selbst besinnt, sofort einen Abstand gewinnt. Je öfter man auf diese Weise in der Vorstellung "Ich bin" erwacht, umso gefestigter wird der eigene Geist und umso leichter bezwingt man die unerwünschten Geister. In meinem Buch "An der Pforte zur letzten Latern" beschreibe ich ausführlich, wie man zwischen all seinen Gedanken, Vorstellungen und Gefühlen sich selber erkennen und erfassen kann.

Wer regelmäßig diese Rückbesinnung auf sich selbst durchführt und sich immer wieder bewusst macht, dass er ein Geistwesen und kein triebgesteuerter Fleischklumpen ist, wird sich jederzeit von den Lustschemen unterscheiden und distanzieren können. Von der Vorstellung "Ich bin" getragen, kann man erkennen, was man tatsächlich selber will, und was Begierden von Körperregungen und

Suchtschemen sind. Sobald man das durchschaut, fällt es viel leichter zu entscheiden, welchen Regungen man schlussendlich folgt.

DER PAKT MIT SICH SELBST

Möglicherweise haben auch Sie bereits zehn verschiedene Diäten hinter sich. Sie sind also bestimmt nicht willensschwach, sondern immer nur falsch vorgegangen. Mit Hilfe der Jojo Technik werden Sie es nun endlich schaffen, Ihr Übergewicht bleibend zu reduzieren.

Sie haben mit der Jojo Kurzdiät sogar schon begonnen. Denn indem Sie dieses Buch gelesen haben, machten Sie im Geist bereits die ersten Schritte. Für Ihr Unterbewusstsein und für die geistigen Mächte und Mechanismen, die Sie damit in Gang setzten, ist ein Gedanke bereits Realität.

Sobald Sie sich endgültig für die neue Lebensweise entschieden haben, fixieren Sie Ihre Gedanken dazu in einer Absichtserklärung und bestätigen den Entschluss mit einem Pakt, also mit einem Versprechen, das Sie sich selber geben. Sie können daraus eine kleine Zeremonie machen, dann prägt sich Ihr Entschluss noch nachhaltiger dem Bewusstsein und den Mächten Ihres Unterbewussten ein. Wenn Sie an Engel glauben, bereiten Sie ein Amulett mit den Siegeln der Wesen, die für Suchtbekämpfung, Diät und Willenskraft zuständig sind, vor und nehmen nach den Anleitungen aus dem Schutzengelbuch Verbindung mit den Genien auf. Seien Sie überzeugt, dass Ihnen das helfen wird.

Wenn Sie das für Unsinn halten, genügt die Abmachung mit sich selbst. Benutzen Sie aber trotzdem die Siegel als Bewusstseinsstütze. Man muss nicht an Geister glauben, wenn man sich der geistigen Mechanismen, die das Leben steuern bedient. Laut Wissenschaft der Psychologen, wir haben es bereits angeführt, tummeln sich in Ihrem Unterbewusstsein nicht nur negative Affekte und Komplexe, sondern auch positive vernünftige Energien. Die werden Sie energisch an Ihr Zielgewicht erinnern, wenn Sie sie mit Ihrer Vorstellungskraft in Form von guten Vorsätzen dafür programmieren. Auch diese persönlichen inneren Wesensgeister lassen sich an ein Siegel binden und werden bei Bedarf die nötige Zuversicht und Entscheidungskraft aktivieren.

Wählen Sie eine stille Stunde, in der sie sicher sein können, dass Sie nicht gestört werden. Entzünden Sie eine Kerze, schließen Sie die Augen und entspannen Sie sich. Fühlen Sie sich körperlos, leicht und frei und denken Sie: "Ich bin!" Machen Sie sich bewusst, dass Sie sind. Dass SIE sind. Dass Sie ein Geistwesen sind. Dass Sie der Beobachter Ihres Körpers mit seinen Regungen sind. Identifizieren Sie sich als Geist, der hinter diesem Körper steht, und machen Sie sich bewusst, dass SIE in Zukunft über ihn und seine Regungen bestimmen.

Unterzeichnen Sie jetzt die zuvor verfasste Absichtserklärung mit dem Gelöbnis:

Ich gelobe mir, ich werde ab sofort ganz bewusst Diät-Yoga praktizieren.

Zur Bekräftigung hängen Sie sich ein Diät Amulett oder das Siegel des IVAR um. Es wird Sie motivieren, stärken und an Ihr Ziel erinnern.

Dann stellen Sie mutig Ihren Körper auf die Waage. Markieren Sie den ersten Punkt Ihrer Gewichtskurve auf der Graphik, in die Sie ab jetzt, neben Ihrem Wunschgewicht, Alarmgewicht und Höchstgewicht, Ihr tägliches Ist-Gewicht eintragen, und legen Sie den Diätplan für die nächsten Tage fest.

Sie werden ab jetzt systematisch Ihr Gewicht reduzieren. Sie akzeptieren nicht mehr, dass Suchtschemen über Sie entscheiden. Sie sind eine selbstbestimmte Persönlichkeit, die sich ihre Willensfreiheit nicht nehmen lässt. Sie haben entschieden, Ihre Essgewohnheiten zu ändern und Sie werden es auch tun.

Selbst wenn Sie Ihr ganzes Leben lang mit Ihrem Übergewicht kämpften, mit der Jojo Kurzdiät werden auch Sie Ihr Idealgewicht erreichen. Und dieses Mal werden Sie es auch problemlos halten können.

SO MACHT MAN MIT DEM RAUCHEN SCHLUSS

WIE MAN SICH DAS RAUCHEN ABGEWÖHNT

Viele übergewichtige Raucher möchten gerne mit dem Rauchen Schluss machen, wagen es jedoch nicht, weil sie fürchten, sie würden dann noch dicker werden. Diese Angst ist berechtigt. Denn Hunger lässt sich vorübergehend mit einer Zigarette verdrängen. Ohne dem Qualm schmeckt das Essen viel besser und man hat mehr Appetit.

Ein weiterer Grund: Ohne den Tabakrauch verändert sich der Insulinspiegel und der Grundumsatz. Die Nahrung wird besser verwertet und man nimmt zu. Außerdem musste der Körper nach jeder Zigarette entgiften. Das verbrauchte eine Menge Energie. Wenn nun der Körper nicht mehr gegen das Gift ankämpfen muss, sollte man eine Zeitlang, (die Umstellung dauert ca. drei Monate) diese Energie für sportliche Betätigung verwenden oder entsprechend weniger essen. Aber das Gegenteil ist zumeist der Fall. Statt der Zigarette will man sich etwas anderes in den Mund stecken und die meisten tun das auch. Zumeist Süßigkeiten. Oder Chips. Oder andere Naschereien. Es ist eine Tatsache, Viele, die mit dem Rauchen aufhören, nehmen zu.

Aber das muss nicht sein. Denn wir kennen diese psychophysischen Mechanismen und wissen, wie man mit dem Problem umgeht. Wer nach der Jojo Kurzdiät lebt, hat garantiert nichts zu befürchten. Jeder, der sich an unsere Anleitungen hält, wird auch ohne Zigarettenkonsum sein Idealgewicht erreichen und halten können.

20 GRÜNDE MIT DEM RAUCHEN AUFZUHÖREN

Umfragen zeigen, 8 von 10 Rauchern über vierzig möchten mit dem Rauchen aufhören, glauben aber, es nicht zu schaffen. Bei jugendlichen Rauchern sind es etwas weniger, was beweist, je länger man raucht, umso mehr stinkt es einem selbst, aber umso schwieriger wird es, davon loszukommen.

Wer meint, sein Wille wäre zu schwach, um sich von diesem

Laster zu befreien, der täuscht sich gewaltig. Es kommt nämlich gar nicht auf den Willen an, sondern auf die Überzeugung, dass man sich aus dieser beschämenden und erniedrigenden Abhängigkeit befreien will. Dazu gibt es 20 triftige Gründe:

1. Gesundheit.
Im Jahr 1962 gab der damalige amerikanische Präsident Kennedy seinem Generalarzt Dr. Luther Terry den Auftrag, "einwandfreie Unterlagen" über das Rauchen zu besorgen. Durch Bereitstellung geradezu gigantischer Mittel konnte eine Untersuchung an 1,300000 Nordamerikanern durchgeführt werden. Das viele hundert Seiten umfassende Dokument ging in die Geschichte als sogenannter Terrybericht ein. Aufgrund dieser Untersuchungsergebnisse wurde erstmals wissenschaftlich nachgewiesen, dass Rauchen die Gesundheit schädigt. Inzwischen wurden weltweit unzählige weitere Studien in Auftrag gegeben und Tausende Ärzte haben es bestätigt: Rauchen schädigt die Gesundheit und verkürzt nachweislich das Leben.

2. Lebenserwartung.
Raucher erkranken häufiger, und zwar ernsthaft, und das Krebsrisiko steigt enorm. Die Lebenserwartung verringert sich mit jeder Zigarette um 3 Stunden. Ca. sieben Jahre stirbt ein Raucher früher als biologisch zu erwarten wäre.

Im Zigarettenrauch sind 4000 Inhaltsstoffe. Raucher konsumieren freiwillig eine Menge Gift. Neben Teer, Nikotin, Blausäure und Arsen, sind da noch 50 andere krebserregende Schadstoffe, die bereits 6 Sekunden nach dem ersten Zug im Gehirn landen und das Bewusstsein und den ganzen Körper auf Tage hinaus vergiften. Man konnte nachweisen, die Luft um einen Raucher ist tausendmal stärker schadstoffbelastet als unmittelbar hinter einem Dieselauto.

3. Räucherkammer.
Es ist unglaublich aber wahr: Würde man einen Hering in einer Fischräucherei der gleichen Menge warmen Rauchs aussetzten,

die ein Raucher täglich inhaliert, er würde zerfallen. Ihr Zahnfleisch, Ihre Lunge, Ihre Speiseröhre, Ihr Magen hält das nur aus, weil Ihr Körper noch lebt und sich wehrt, und sich die Zellen ständig erneuern. Aber wie lange noch? Die Lunge hat zwar Millionen kleine geniale Schornsteinfeger eingebaut, aber die feinen Härchen, die die aggressiven Rauchpartikel nach jeder Zigarette nach oben befördern sollen, schaffen das nur unzureichend. Sie ersticken im Rauch und verkleben im Teer und sterben langsam aber sicher ab. Dann hilft nur noch husten und Schleim gegen den Giftmüll, der sich in Ihren Bronchien ablagert. Aber auch das schaffen die entzündeten Lungenbläschen nicht lange. Irgendwann folgt die Atemnot, dann das Krankenhaus, und dann der vorzeitige Tod.

Die Lunge eines Rauchers ist nicht hellrot sondern kohlschwarz. Der Großteil einer Raucherlunge ist ein schwarzer harter Klumpen. Nach den abgestorbenen Härchen sterben auch die Lungenbläschen ab, und nach den Lungenbläschen stirbt dann der Raucher und die Raucherin.

Der Körper ist das höchste und wertvollste Gut, das ein Mensch besitzt. Vielen wird das erst bewusst, wenn sie den Tod vor Augen haben. Aber dann ist es zu spät.

4. Verblödung.

Rauchen bedingt oft eine vorzeitige Verblödung – zitiert und bestätigt der bekannte Arzt und Buchautor, Medizinalrat Dr. Heinz Fidelsberger, eine Feststellung aus dem Terrybericht. - Es verengen sich die Gehirngefäße und die Gehirnzellen erhalten nicht mehr ausreichend Traubenzucker und Sauerstoff.

Das würde erklären, warum so viele Raucher die alarmierenden Ergebnisse der Studien über die Gefährlichkeit des Rauchens nicht verstehen und völlig unbeeindruckt von der drohenden Gefahr gelassen weiterrauchen.

5. Hirntumor und Lungenkrebs.

Dass Rauchen Lungenkrebs verursacht, wurde vielfach nachgewiesen und wird nicht mehr bezweifelt. Weniger bekannt ist, dass mit dem Blut aus der Lunge, das rund um die Uhr die Gehirnzellen mit Sauerstoff versorgt, auch die Krebszellen ins Gehirn gespült werden und dort Metastasen bilden. Viele Patienten mit Lungenkrebs sterben an einem Gehirntumor. Und zwar ganz elendiglich. Dieser Tumor ist nämlich nicht operierbar und verursacht im Endstadium entsetzliche, nicht behandelbare Schmerzen.

Rauchen löst zuerst eine Bronchitis aus, deren Folge ein vorzeitiges Emphysem in der Lunge ist. Dieses Emphysem verringert die Leistung der Lunge, führt zu Sauerstoffmangel und in weiterer Folge zu Schädigungen des Herzens. Spätestens jetzt sollte der Raucher überlegen, wie lange er noch leben möchte. Denn Studien weisen nach, dass von acht Personen, die vierzig Jahre alt geworden sind und an einer Raucherbronchitis leiden, nur drei den fünfzigsten Geburtstag erleben. Mehr als fünfzig Prozent aller Raucher sterben zwischen dem Beginn des fünften und sechsten Lebensjahrzehnt.

6. Brustkrebs, Herz und Augen.

Raucher habe ein fünffach höheres Risiko an Makula Degeneration zu erkranken als ein Nichtraucher. Diese Krankheit ist nicht heilbar und führt nicht selten zu Erblindung.

Das Herzinfarktrisiko ist bei Rauchern gegenüber Nichtrauchern um 40 Prozent erhöht. Die Belastbarkeit des Herzens ist dagegen, im Vergleich mit gleichaltrigen Nichtrauchern, um bis zu 70 Prozent vermindert. Bei Unfällen oder Operationen kann das für den Raucher tödlich sein.

Tabakrauch ist aber nicht nur für die bekannten Erkrankungen wie Krebs, Lungen-, Herz und Gefäßerkrankungen verantwortlich, das Kohlenmonoxyd gelangt über das Blut in Sekundenschnelle in jede Körperzelle und schädigt damit alle Organe. Neueste Studien zeigen, Rauchen verursacht auch Brustkrebs und zwar bereits bei 35-jährigen Frauen.

Wer 20 Jahre lang täglich 20 Zigaretten rauchte, ist ein Hochrisikopatient. Es ist wissenschaftlich belegt, jede dritte Krebserkrankung beruht auf Zigarettenrauch.

7. Speiseröhre und Magen.
Der Teer einer Zigarette verklebt nicht nur die Lungenbläschen, sondern gelangt mit dem Speichel auch in die Speiseröhre und den Magen. Sodbrennen, Magen- und Zwölffingerdarmgeschwüre sind die Folge. Acht von zehn der Patienten mit Zwölffingerdarmkrebs, Dünndarmkrebs oder Dickdarmkrebs sind Raucher.

8. Rheuma und Psoriasis.
Rauchen ist ein Primärfaktor bei Rheumaerkrankungen und Psoriasis. Das Hautgewebe der Raucher wird durch die verminderte Durchblutung und die permanente Vergiftung erheblich geschwächt und altert rapide. Die Haut kann sich gegen zusätzliche Belastungen nicht wehren, und reagiert gereizt mit Allergien, Entzündungen und Irritationen.

9. Zähne.
Bei Rauchern ist das Zahnfleisch sehr schlecht durchblutet und vom Teer andauernd belastet. Das führt unweigerlich zu Zahnfleischschwund. Dazu kommt, dass an den gelben Raucherzähnen der Zahnstein bis auf die Zahnwurzeln reicht und sich nur durch einen aufwendigen blutigen Eingriff entfernen lässt. Vorzeitiger Zahnausfall ist die Folge. Die meisten Zahnärzte lehnen es jedoch ab, einem Raucher, solange er raucht, ein Implantat einzusetzen. Denn nicht nur die Zähne, auch die Schrauben lockern sich aufgrund des Zahnbelags nach kurzer Zeit.

10. Rauchen ist tödlich.
400 Raucher sterben jeden Tag in Deutschland an den Folgen ihrer Sucht. Das sind 16% aller Todesfälle.

Als Raucher fallen Sie in diese Risikogruppe mit dem Todesurteil. Wann glauben Sie, wird es vollstreckt?

11. Schwangerschaft.
Dass viele Kinder von Raucherinnen mit gesundheitlichen Schäden zu Welt kommen, oder später krankheitsanfälliger sind, ist wissen-

schaftlich nachgewiesen und hinreichend bekannt. Die Plazenta ist bei einer schwangeren Raucherin nicht rosa durchblutet, sondern an den Rändern grau. Auch der Fötus ist von der Nikotineinwirkung massiv betroffen, was für das kleine hilflose Wesen schwerwiegende Folgen hat. Die Kinder kommen süchtig nach Nikotin zur Welt und machen quasi eine Zwangs- Entwöhnung durch. Sie sind entsprechend unruhig und leiden in den ersten Stunden, bis sie gestillt werden, ganz entsetzlich. Aber in der Muttermilch von Raucherinnen kann man neben dem Nikotin, das dem Säugling fehlt, noch 20 andere giftige Stoffe aus dem Tabakrauch nachweisen. Rauchen in der Schwangerschaft ist daher verantwortungslos und durch nichts zu entschuldigen.

12. Familie.

Passivrauchen ist für die Familienmitglieder fast genauso gefährlich, als hätten sie die Zigarette selbst im Mund. In Räumen, in denen geraucht wird, herrscht eine weitaus höhere Feinstaubbelastung als im dichtesten Straßenverkehr. Kinder sind dabei besonders betroffen und werden außerdem programmiert, einmal selbst zur Zigarette zu greifen. Da nutzt es nichts, wenn die Eltern auf dem Balkon oder der Terrasse rauchen, der Wohnraum wird trotzdem vom Geruch durchweht und imprägniert. Es ist verantwortungslos, Kindern mit schlechtem Beispiel voranzugehen.

Man hat errechnet, dass in Österreich jährlich 15.000 Menschen vorzeitig an den Folgen des Passivrauchens sterben. Auf Deutschland hochgerechnet wären das 150.000. Dabei ist bekannt, dass in den Ländern, in denen generelles Rauchverbot in allen Lokalen eingeführt wurde, bereits ein Jahr später um 40 Prozent weniger Herzinfarkte zu verzeichnen waren. Das sollte jedem zu denken geben, der mit dem Argument, ein Rauchverbot wäre eine Einschränkung der persönlichen Freiheit, das Rauchen in Gaststätten und in der Öffentlichkeit weiter für richtig hält.

"Passivrauchen ist schwere Körperverletzung" sagte der Sozialmediziner Michal Kunze.

13. Status und Beruf.
Die Zeit ist vorbei, wo Rauchen cool war. Zigarettenwerbung, in der flotte Cowboys und harte Detektive ihre Camel zückten, gibt es nicht mehr. Zwar wird in den abendlichen Spielfilmen und Krimis weiter versteckte Werbung gemacht, alle paar Minuten kommt eine Szene, in der sich jemand eine Zigarette anzündet, aber man erkennt, dass die Schauspieler und Schauspielerinnen Nichtraucher sind und noch nie eine Zigarette inhaliert haben. Man durchschaut die hinterhältige Schleichwerbung, die verboten gehört, weil bei diesem Zigarettenporno Millionen Zuseher zur Zigarette greifen, und man weiß: Die wahren Helden rauchen nicht.

Nichtraucher fühlen sich durch die Raucher belästigt oder schauen mitleidig auf sie herab. Heute werden alle Raucher auf der gleichen untersten Statusebene angesiedelt wie die bedauernswerten Trinker vor dem Bahnhof mit der Bierdose in der Hand und der Zigarette im Mund. Aber während man im Trinker einen kranken armen Teufel sieht, betrachtet man die Raucher als ungebildete, unbelehrbare, willensschwache Individuen. Man denkt, wer trotz der umfassenden, alarmierenden Informationen über die schädlichen Folgen des Rauchens, nicht bereit ist, auf diese unsinnige Gewohnheit zu verzichten, ist entweder unglaublich leichtsinnig und verantwortungslos gegen sich und seine Mitmenschen, oder dumm und schwach, und unfähig, vernünftige Entscheidungen zu treffen. Man glaubt, wer nicht einmal die Regungen seines eigenen Körpers kontrollieren kann, oder will, wird auch bei anderen Aufgaben scheitern.

Tatsächlich findet man unter den Arbeitslosen und weniger Gebildeten die meisten Raucher. Von den Wohnungslosen am Bahnhof hat so gut wie jeder eine Zigarette in der Hand. 80 Prozent der Bauarbeiter, aber nur 20 Prozent der Akademiker rauchen. Kaum eine intelligente, erfolgreiche, selbstbewusste Persönlichkeit zeigt sich heute noch mit einer Zigarette. Man weiß und spürt es: disziplinierte, zuverlässige Personen in verantwortungsvollen Positionen, beherrschen nicht nur ihre Aufgaben und das Leben, sondern auch sich selbst. Wer seinen Körper beherrscht, beherrscht auch sein Schicksal und sein Leben. Das gilt noch viel mehr für den Raucher, der zum Nichtraucher wird. Denn mit jeder überwundenen Zigarette wächst seine Willenskraft, und mit der bewussten Aktivierung seines Willens wandelt sich die ganze Persönlichkeit.

Davon kann sich jeder Raucher selbst überzeugen. Bereits wenige Tage nach dem Verzicht auf die gewohnte Zigarette erlebt man ein neues Lebensgefühl. Solange man raucht, werden viele andere Probleme bagatellisiert und nicht richtig angegangen. Der zigarettenfokussierte Raucher schaut weg, oder nimmt manches hin, was eigentlich dringend geändert werden muss. Das ist kein Wunder, denn sein Organismus wird ja dauernd von dem Zigarettengift geschwächt und sein Bewusstsein von den Schemen ausgelaugt. Deshalb braucht er ja ständig einen neuen Kick.

Das wird anders, sobald man die Mentalparasiten auf Abstand hält. Mit jeder Zigarette, die man ihnen verwehrt, werden sie schwächer, während man selbst an Stärke gewinnt. Statt Lethargie erwacht Schaffensdrang. Der eigene Wille wird wieder mobilisiert und man spürt, dass man etwas bewirken kann. Die Freude am Erfolg gibt einem Recht. Wer mit dem Rauchen aufhört, fängt ein neues Leben an. Vieles was vorher in Gleichgültigkeit versank, wird plötzlich wahrgenommen, geändert oder abgestellt. Neue Ziele werden optimistisch angepeilt, und andere schlechte Gewohnheiten erkannt und abgestellt. Man übernimmt wieder die Verantwortung über sich und sein Leben.

14. Geruch.

Zigarettenrauch stinkt und entsprechend stinkt auch jede Raucherin und jeder Raucher. Aus dem Mund, durch die Poren, über die Kleidung. Trotz Mundwasser, Deo, Duschen und waschen. Das Blut ist angereichert mit dem Teer und befördert ihn in jede Zelle des Körpers. Dort dunstet er mit dem Schweiß als Rauchermief ab. Tag und Nacht. Sie merken es nicht selbst, weil sie sich daran gewöhnt haben.

Wer raucht, der müffelt. Nicht nur nach Rauch. Dem Raucher hängt heute ein Mief nach Armut und mangelnder Schulbildung an. Wer raucht, der stinkt und jeder Nichtraucher ist von der typischen Ausdünstung, die einen Raucher begleitet, unangenehm berührt. Deshalb dürfen das Personal besserer Lokale und die Schüler der meisten Hotelfachschulen nicht einmal zu Hause in ihren Privaträumen rauchen. Ein Raucher wird die Aura, die ihn umgibt, nicht los. Selbst Briefe, Dokumente oder Bücher aus der Wohnung eines Rauchers riechen nach Rauch.

Ein Raucher stinkt, aber eine Raucherin stinkt noch mehr. Bei Frauen fällt schlechter Geruch noch viel mehr auf als bei Männern. Da nutzt kein Parfum, kein Lüften, kein Waschen der Kleidung. Deshalb haben Raucherinnen bei Nichtrauchern wenig Chancen, und selbst wenn es zu einer Beziehung kommt, wird diese nicht lange halten.

15. Liebe.

Singles sollten das bedenken. Für einen Raucher oder eine Raucherin kommen nur mehr ein Drittel der möglichen Partner in Frage. Denn intelligente, begehrenswerte Raucher oder Raucherinnen findet man selten, und dass sich ein Nichtraucher in eine Raucherin, oder eine Nichtraucherin in einen Raucher verliebt, ist höchst unwahrscheinlich. Nicht nur wegen dem schlechten Geschmack beim Küssen. Rauchen macht Männer vorzeitig impotent und Frauen über vierzig fahl und unattraktiv. Die Haut wird schlaff und altert, das Haar verliert seinen Glanz, die Stimme wird derb und die Zähne fallen aus. Raucher sterben nicht nur früher, sondern altern auch früher.

16. Geld.

Ein durchschnittlicher Raucher gibt in seinem Leben ca. 110.000.– Euro für Zigaretten aus. Rauchen drei Familienmitglieder, könnte man statt der Zigaretten ein kleines Einfamilienhaus kaufen. Dieses Geld löst sich im wahrsten Sinne des Wortes in Rauch auf.

2,4 Milliarden Euro betragen die jährlichen Kosten, die die Raucher in Österreich der Volkswirtschaft verursachen. (Summe aus medizinische Kosten plus Kranken und Pflegegeld.) An diesen Kosten sind auch Sie beteiligt.

17. Kondition.
Den meisten Rauchern ist Ihre schlechte Kondition gar nicht bewusst. Sie sind verblüfft, wie sich Ihre körperliche Verfassung und Leistungsfähigkeit bereits nach wenigen Tagen ohne Zigarettengift erheblich verbessert. Und sie sind glücklich über die neue Lebensqualität. Keine Atemnot, keine Schweißausbrüche, kein Herzklopfen. Davon können Sie sich sofort selbst überzeugen!

Bereits 20 Minuten nach der letzten Zigarette beruhigt sich der Puls und der Blutdruck sinkt. Nach 8 Stunden ohne Tabakrauch normalisieren sich die Sauerstoffwerte im Blut. Nach 2 Tagen ist der Körper nikotinfrei. Sie merken das an der Verbesserung des Geschmacks und Geruchsinns. Nach 2 Wochen stabilisiert sich der Kreislauf. Bereits nach 3 Monaten ohne Rauch hat sich die Lungenkapazität um bis zu 30% verbessert. Sie werden erstaunt sein, was Sie plötzlich leisten können. Nach 5 Jahren hat sich Ihr Körper so weit erholt, dass Sie jetzt ein normales Schlaganfallrisiko haben und nach 15 Jahren, die Sie, wenn Sie weiterrauchen vermutlich gar nicht mehr erleben, ist mit keinen Folgeschäden mehr zu rechnen. Außerdem haben Sie sich in diesen 15 Jahren 30.000,– Euro erspart.

18. Freiheit.
Als Raucher sind Sie Sklave einer fremden Macht und nicht in der Lage, Ihren eigenen Willen durchzusetzen. Nicht Sie lenken Ihren Körper, sondern die Begierde bestimmt, was Sie tun. Sie sind sozusagen ein behinderter Mensch. Ein Schwerstbehinderter, denn Sie leiden an einer Krankheit, die unweigerlich zum vorzeitigen Tod führen wird, was Sie verhindern können, und hoffentlich, nachdem Sie dieses Kapitel fertig gelesen haben auch tun.

Niemals würden Sie einen fremden Eindringling in Ihrer Wohnung dulden, aber den Suchtschemen, die genauso Eindringlinge in die persönliche Lebenssphäre sind, ordnen Sie sich unter und überlassen ihnen Ihr wertvollstes Gut, nämlich Ihren Körper. Raucher, die die Fernbedienung ihres Fernsehers nicht aus der Hand geben, haben nichts dagegen, dass das Programm: "Jetzt rauche ich eine Zigarette" – von einem anderen eingeschaltet wird. Jede gerauchte Zigarette ist eine persönliche Niederlage. Wer raucht ist kein freier Mensch, sondern ein armes unterdrücktes Wesen.

19. Scham.
Wer trotz der beängstigenden Informationen über die Folgen des Rauchens nicht bereit ist, auf diese unsinnige Gewohnheit zu verzichten, und weiter sich selbst und seine Mitmenschen gefährdet, der muss sich ob seiner Uneinsichtigkeit und Willensschwäche schämen.

Einsicht, Vernunft, und Verantwortungsbewusstsein, sowie ein Minimum an Entschlusskraft, müssten jeden Raucher entscheiden lassen, mit dem Rauchen aufzuhören.

20. Glücksgefühl.
Wer dem Rauchzwang widersteht, erfährt ein völlig neues Selbstwertgefühl. Man erlebt, wie man plötzlich selbst in Erscheinung tritt. Trotz der Stressbelastung beim Entzug, spürt man eine tiefe Befriedigung, weil man sich durchsetzt, und weil man hinter der wirkenden Kraft, die nein sagt, sich selbst erkennt. Man erkennt sich und seine Macht und Stärke. Man spürt seine geistige Existenz. Es ist, als würde man erwachen. Man erfasst sich selbst. Man erlebt sich selbst. Man bestimmt über sich selbst und das macht einen glücklicher als die kurze Befriedigung mit der Zigarette.

Jeder kann die Rauchsucht besiegen
Fast alle Raucher bedauern, dass sie mit dem Rauchen angefangen haben, aber ich kenne keinen, dem es leid tut, dass er damit aufgehört hat. Täglich beschließen Tausende Raucher mit dem Rauchen aufzuhören, und die, denen es gelingt, sind dann weitaus glücklicher als zuvor.

Manche Raucher meinen, Rauchen bereite ihnen ein angenehmes Gefühl und wäre ein harmloses Vergnügen, auf das sie nicht verzichten wollen. Sie möchten die Zigarette genießen, ganz gleich, was es für Folgen hat. Der peinliche Kontrollverlust stört sie nicht.

Denken auch Sie so, dann versuchen Sie doch einmal eine Woche lang auf dieses "angenehme" Gefühl zu verzichten. Wenn es sich wirklich nur um ein harmloses Vergnügen handelt, kann das nicht schwierig sein. Aber Sie werden bereits nach wenigen Stunden erkennen, dass es nicht um ein angenehmes Gefühl geht, sondern im Gegenteil, um eine nervöse Anspannung, die sich aufbaut, sobald Sie nicht rauchen, also um ein Unbehagen, das Sie vermeiden wollen, weil Sie sonst unruhig werden und Ihre Nerven verlieren.

Rauchsucht beruht nicht auf einem Vergnügen oder einem Körperbedürfnis, sondern auf neuronalen Vorgängen im Kopf. Ähnlich wie die Spielleidenschaft, Internetsucht oder das krankhafte permanente Handygucken. Sobald Sie sich das Rauchen abgewöhnt haben, werden Sie sich ohne Zigarette nicht mehr verkrampfen und brauchen auch diese erlösende Entspannung nicht. Sie fühlen sich dann auch ohne Zigarette glücklich und zufrieden.

Die Lust auf eine Zigarette beruht auf anderen Mechanismen als die Drogensucht. Vom Rauchen los zu kommen ist daher viel leichter, als man denkt. Vorausgesetzt, dass man es will und richtig macht. Genaugenommen ist das Rauchen nichts anderes als eine dumme Angewohnheit. Ein Ritual: Die automatische Zigarette nach dem Essen, nach dem Sex, zum Wein, zum Kaffee. Die Zigarette zum Aktivieren und munter werden, oder umgekehrt zum Nachdenken und Beruhigen bei Stress. Die Zigarette bei Problemen, bei Sorge, oder zum Feiern und glücklich sein. Zum entspannten Nichtstun eine Zigarette, genauso wie zur Hebung der Konzentration. Immer der Griff zur Zigarette. Alleine diese widersprüchlichen Erfahrungen beweisen, dass es sich nicht um eine Droge mit einer bestimmten Wirkung, sondern nur um eine Einbildung handeln kann.

Es ist nicht die Zigarette, sondern die Erwartung auf den positiven Effekt, die etwas bewirkt. Ein sogenannter Placeboeffekt. Mit irgendwelchen beruhigenden oder stimulierenden Substanzen im Rauch hat die erwünschte Empfindung wenig zu tun. Wäre es wirklich das Nikotin, auf dem die Rauchsucht beruht, dann würde die

Lust auf eine Zigarette mit einem Nikotinpflaster sofort verschwinden. Das tut sie aber nicht. Es ist auch sonst kein Genuss mit dem Rauchen verbunden. Die Verengung der Gefäße im Gehirn und der kurze Sauerstoffmangel vermitteln sicher kein Wohlbehagen. Die erste Zigarette hat keinem geschmeckt. Ich gewöhnte mir das Rauchen mit dem zerbröselten Laub von Himbeerstauden an und wurde mit dem Qualm, der nach Moder stank, zum Kettenraucher. Wir bildeten uns ein, jetzt wären wir erwachsen. Zigarette anzünden und tolles Gefühl. Das merkt man sich, das prägt sich ein. Vermutlich ging es Vielen so.

Alles nur Einbildung

Da wird kein echter Genuss erlebt, wie zum Beispiel beim Verzehr von Schokolade, und keine Bewusstseins Veränderung wie bei Alkohol oder Drogenkonsum. Kein Orgasmus wird ausgelöst. Der ganze Rauchvorgang ist im Gegenteil eine Belastung für den Körper, und würde man zwischen den Lungenzügen nicht nach Luft schnappen und durchatmen, wäre man nach wenigen Minuten mausetot. Der mit dem Rauchen verbundene scheinbare Kick, entspringt der gleichen perversen Lust, die durch den Schmerzreiz im Mund beim Verzehr von Chili ausgelöst wird. Ohne Chili schmeckt für die Chiliesser jede Speise schal, und ohne Zigarette schmeckt dem Raucher das Leben nicht. Und die Macht der Gewohnheit sorgt dafür, dass es so bleibt und immer mehr gesteigert werden muss.

Es ist ganz wichtig, dass sich der Raucher das klar macht: Die gesuchte Entspannung tritt ein, weil sich die Spannung, die sich mit der Erwartung auf die nächste Zigarette aufbaut, mit dem Anzünden der Zigarette auflöst. Die empfundene Befriedigung tritt nicht ein, weil man den Rauch einatmet, sondern weil man sie mit dem Einatmen des Rauches erwartet hat. Ein typischer Placebo Effekt.

Es handelt sich um einen bedingten Reflex, ein Phänomen das der Russe Pawlow durch Experimente an seinem Hund nachweisen konnte. Jedes Mal bevor er ihm Futter gab, schlug er eine Glocke an, und es zeigte sich, dass später, sobald die

Glocke ertönte, ganz gleich, ob dann tatsächlich das Fressen kam oder nicht, der Hundemagen vermehrt Magensäure produzierte. Nicht der Geruch des Futters, oder das Fressen im Napf, sondern die Glocke löste den Reflex aus, der die Magensäure für die Verdauung produzierte.

Mit der Zigarette ist es ähnlich. Nicht das Nikotin entspannt. Es ist auch keine andere Droge im normalen Tabak die high und süchtig macht. Die Entspannung tritt ein, weil das Bedürfnis nach dem Rauchritual, das man mit dem Gefühl der Entspannung verbindet, befriedigt wird. Das Verlangen nach der Zigarette, das mit dem Einatmen des Rauches gestillt wird, fällt ab, und der Betreffende fühlt sich, weil der Druck weg ist, erleichtert und befreit.

Das Rauchvergnügen ist ein Riesen Schwindel, den man sich selber vormacht. Man erliegt einer Illusion. Was man fälschlicherweise der Zigarette zuschreibt, ist in Wahrheit der entartete Kreislauf einer Vorstellung, die sich selbständig machte und der Kontrolle entglitt. Und hier liegt das eigentliche Phänomen des Verlangens nach einer Zigarette. Es ist ein Gefühlskomplex, der einen nicht in Ruhe lässt. In der Magie und Mystik bezeichnet man diese lästigen Energien als Schemen. Wir werden darauf noch zurückkommen. Vorerst halten wir fest:

Die Rauchsucht beruht auf drei Mechanismen:

1. Auf dem bedingten Reflex: Die Empfindung vom Druck im Hals und die Gefäßverengung im Gehirn geben das Signal gleich geht's mir gut.
2. Auf dem Placeboeffekt: Man entspannt sich tatsächlich, sobald das erwartete Signal "Alles Gut", ausgelöst wird.
3. Auf der Macht der Gewohnheit: Der Reflex der Gutes verspricht, will so oft als möglich erlebt werden. Deswegen baut sich immer wieder eine neue Spannung auf, die mit dem Anzünden der Zigarette gelöst werden will.

Was bedeuten diese Erkenntnisse für den Entzug?
Der Hund wird, wenn er mehrmals nach dem Glockenläuten kein Futter bekommt, nicht mehr mit Magensäureproduktion auf die Glocke reagieren. Dem Chiliesser wird, wenn er auf das scharfe Zeug verzichtet, sehr bald das Essen auch ohne den Schmerz im Mund wieder schmecken. Und der Raucher wird sich nach einiger Zeit ohne Zigarette, auch ohne das Rauchritual entspannen können.

Rauchen ist eine Sucht, die nicht auf einen körperlichen Genuss abzielt, sondern auf einer mentalen Erfahrung beruht. Das erste Raucherlebnis fand für die meisten in Gesellschaft statt. Tolles Gefühl, gute Stimmung, zumeist war man durch Alkohol vom Alltagsfrust befreit. Diese positive Erinnerung wird mit dem Raucherlebnis verbunden und später fälschlicherweise dem Tabakrauch zugeschrieben.

Bei der Rauchentwöhnung geht es also weniger darum, dass man sich das Nikotin abgewöhnt, sondern dass man diesen antrainierten bedingten Reflex: Zigarette anzünden ist gleich Entspannung, keine Zigarette ist gleich Stress, durchschaut und möglichst bald vergisst. Wer sich diese psychophysischen Mechanismen der Rauchsucht bewusst macht, wird sich beim Entzug viel leichter tun.

Der Entschluss
Es zählt nicht ein starker oder ein schwacher Wille, sondern nur ein "Ich will!" Es kommt auf die Entscheidung an. Auf den Entschluss. Hat man sich einmal entschieden, geht es viel leichter als man glaubt. Es ist wie ein herausfordernder Sport, der Freude macht. Der Aufwand an Willenskraft ist weitaus geringer als man glaubt. Jeder ist dazu in der Lage. Absolut jeder! Das beweisen die Millionen Nichtraucher, die zuvor starke Raucher gewesen sind. Man muss sich nur klar machen, dass man nicht Sklave seiner Sucht, sondern Herr seines Selbst sein will. Hat man sich für ein rauchfreies Leben entschieden, kann das von jedem Menschen durchgezogen werden. Wer es wirklich will, der kann es auch. Und wer den Schritt macht, wird reichlich belohnt.

Der vergiftete Körper regeneriert sich nämlich erstaunlich schnell. Man kann nachweisen, dass der ganze Organismus bereits nach wenigen Tagen ohne Rauchbelastung positiv reagiert. Die geschädigten Gefäße und Organe erholen sich, und die Kondition bessert sich sogar schon nach wenigen Stunden. Das Risiko einen Herzinfarkt zu bekommen oder an Krebs zu erkranken sinkt mit jedem Monat und nach 7 Jahren Abstinenz haben Sie den normalen Status eines Nichtrauchers erreicht.

Das sind keine Theorien oder gutgemeinte Ratschläge, was ich hier schreibe ist wissenschaftlich belegt und in der Praxis erprobt. Ich war selbst ein starker Raucher. Rauchte ab meinem 12. Lebensjahr. Mit dreißig verbrannte ich 60 Zigaretten am Tag. Als dann unser Sohn zur Welt kam, und man die Gefahren der Passivrauchens erkannte, war die Motivation groß genug, um ganz aufzuhören. Pausen von einigen Monaten hatte ich schon vorher, zur Willensschulung, regelmäßig eingelegt. Seit über 40 Jahren bin ich nun ganz ohne Rauch.

Nach zwei Wochen ist das Schlimmste vorbei. Nach zwei Monaten geht es einem bereits ganz gut. Nach einem halben Jahr hat man es geschafft. Dann geht einem nichts mehr ab und man erlebt ein neues phantastisches Lebensgefühl. Nach einem Jahr ist ein Rückfall höchst unwahrscheinlich, und nach zwei Jahren kann man es nicht fassen, dass man von dieser unappetitlichen Gewohnheit abhängig war.

Die Entwöhnung

Wenn Sie jetzt sagen: OK, das klingt alles sehr überzeugend, ich werde versuchen mit dem Rauchen aufzuhören, dann ist das aber nicht genug. Der Gedanke an einen bloßen Versuch schließt ein Weiterrauchen nicht aus. Sie gehen damit die Entwöhnung nur halbherzig an. Sie müssen Ihren Entschluss anders formulieren. Sagen sie lieber: "Ab sofort rauche ich nicht mehr. Ich bin Nichtraucher!" Denn das sind Sie ja tatsächlich.

Solange Sie die nächste Zigarette nicht anzünden, sind Sie Nichtraucher!

Sie wollen sich nicht mehr vergiften. Sie haben das beschlossen und so wird es auch sein. Seien Sie fest entschlossen, sich aus dieser unsinnigen Sucht zu befreien.

Wenn Sie mit dem Rauchen aufhören wollen, müssen Sie es ganz entschieden wollen, absolut wollen, ohne wenn und aber. Sie müssen dazu motiviert sein, ganz gleich aus welchen der am Ende dieses Kapitels angeführten 16 Gründe. Und Sie dürfen keinen einzigen Grund gelten lassen, wegen dem Sie weiterrauchen möchten. Sie wissen genau, dass es für Sie besser wäre, in Zukunft auf die Zigaretten zu verzichten, und Sie müssen entschlossen sein, das, was Sie für richtig halten, auch zu tun. Ganz gleich, wie schwer es fällt. Sie haben sicher in Ihrem Leben schon weitaus größere Leistungen erbracht und schwierigere Probleme gemeistert, als dieser Rauchverzicht Ihnen abverlangen wird. Ich garantiere Ihnen, mit dieser Einstellung wird es Ihnen gelingen, auch diese Herausforderung zu meistern.

Der Entzug ist eine Operation

Man kann nicht ein bisschen – oder vielleicht – oder nicht heute, aber morgen – zum Nichtraucher werden. Die Rauchlust muss man entschieden und radikal amputieren, wie ein eitriges faulendes Körperglied.

Wer krank ist und sich einer Operation unterziehen muss, weiß, dass er einige Wochen lang mit erheblichen Einschränkungen und mit Schmerzen zu rechnen hat. Die Rauchlust ist auch eine schwere Erkrankung, und die Entfernung dieser Sucht ist wie die Entfernung eines Krebstumors. Den lässt man auch nicht ein bisschen entfernen.

Sie werden also leiden und Sie müssen bereit sein, das auf sich zu nehmen. Von den unangenehmen Begleiterscheinungen der Entwöhnung ist nur der Körper betroffen. Ihr Geist, der das alles will und überwacht, steht daneben und schaut zu. Er geht gestärkt aus der Krisis hervor. Die Genesung ist garantiert. Die Nebenwirkungen sind allesamt positiv. Und das neue Lebensgefühl ist weitaus beglückender als das gedämpfte eingeschränkte Dasein unter dem Zwang der Rauchlust zuvor.

Sie können jetzt entscheiden, ob Sie – falls Sie den nächsten Herzinfarkt überleben – in einigen Jahren auch eine schmerzhafte Krebsoperation, Bestrahlungen und Chemotherapien in Kauf nehmen wollen, oder lieber jetzt den Entzug durchstehen, der weitaus weniger belastend ist.

Sie haben zwei Möglichkeiten, das durchzuziehen: Die "Blitzentwöhnung" mit dem Überraschungseffekt, oder die langsame Methode "Geistessport."

DIE BLITZENTWÖHNUNG MIT DEM ÜBERRASCHUNGSEFFEKT

Wann soll man aufhören?
Dafür gibt es eine klare Antwort:
Jetzt! Sofort! In diesem Augenblick!

Sie wollen aufhören. Warum also warten? Es gibt absolut keinen Grund dafür. Entscheiden Sie, dass Sie jetzt aufhören! So überrumpeln Sie die Lustschemen und nehmen ihnen die Möglichkeit, Argumente vorzubringen, warum es morgen oder übermorgen besser wäre als heute. Sie können sicher sein, die werden morgen oder übermorgen wieder sagen, dass es morgen oder übermorgen viel leichter gehen würde. Die sind da nämlich sehr raffiniert und erfinden immer neue Ausreden, weil sie sich am Leben halten wollen. Man kennt das mit dem Neujahrsgelübde: Zu Sylvester höre ich auf zu rauchen. Den wenigsten gelingt das dann auch tatsächlich. In der Zwischenzeit bilden sich nämlich viel zu viele Gedanken, Bedenken und Wünsche, warum man doch noch weiterrauchen will.

Die Erfahrung hat dagegen gezeigt: wer sich plötzlich, ohne lange zu überlegen, entschließt, mit dem Rauchen aufzuhören, überrascht sich selbst und überrumpelt damit sein Unterbewusstsein, das dagegen Einwände vorbringen würde. Der Überraschungseffekt wirkt wie eine Bombe und verschafft Ihnen, gegenüber den Lustschemen, absolute Autorität. Wer sich sofort entscheidet, schafft es auch sofort.

Also übernehmen Sie entschieden die Verantwortung über Ihr Leben. Bestimmen Sie endlich wieder selbst über Ihren Körper und über das, was Sie tun. Jetzt! Sofort! In diesem Augenblick! Entscheiden Sie:

Ab sofort wird nicht mehr geraucht!

DIE STUFENENTWÖHNUNG ALS "GEISTESSPORT"

Sie haben es bereits versucht, aber nicht geschafft und zweifeln jetzt an Ihrer Willenskraft. Sie fürchten, Sie werden es auch beim nächsten Mal nicht schaffen. Diese Furcht ist völlig unbegründet. Das genaue Gegenteil ist nämlich der Fall. Wer es einmal schaffte, ganz gleich wie lang oder wie kurz, der kann es auch ein zweites Mal. Sie haben erlebt, dass man es auch ohne Zigarette eine Zeitlang aushalten kann und Sie werden feststellen, dass das auch über einen längeren Zeitraum möglich ist. Und Sie werden bemerken, dass Ihnen jeder neue Versuch etwas leichter fällt.

Bei der Rauchentwöhnung "Geistessport" plant man nicht sofort mit dem Rauchen Schluss zu machen, sondern man betrachtet den Entzug als Sport. Durch den bewussten Verzicht werden nicht nur die Suchtegel besiegt, sondern werden auch die Geistesmuskeln trainiert. Es geht zwar schneller, radikal von einer Sekunde zur nächsten das Rauchen aufzugeben, aber nicht jeder ist dazu bereit: Liebesproblem, Nerven kaputt, Sorge um Nahestehende usw. Wer sich gerade in einer Lebenskrise befindet, fürchtet, er würde sich mit dem Totalentzug noch mehr belasten. Plötzlich zu wissen, man wird nie wieder rauchen, kann für einen starken Raucher zusätzlich deprimierend sein.

Es gibt ja auch den Nocebo Effekt: Wer zum Rauchen aufhört erwartet, dass ihm dann etwas fehlt und er ohne Zigarette nervös und unruhig wird. Das stimmt nur bedingt. Mit der Sportmethode kann der Entzug im Gegenteil zum Vergnügen werden. Denn die Freude über jeden Sieg ist viel größer als der entgangene Rauchgenuss.

Solange man weiß, dass man wieder rauchen darf wird der zeitweilige Entzug als "Sport" sogar glücklich machen. Der Entzug beschäftig einen und lenkt ab von anderen Problemen, und die Freude über jede nichtgerauchte Zigarette stärkt das Selbstwertgefühl. Besonders für jene, die es bereits versuchten, aber nicht schafften, ist die "Sportmethode" eine gute Alternative. Man trainiert systematisch seinen Willen auf und freut sich, dass man, zumindest eine Zeitlang, wieder über sich selbst bestimmen kann.

Bereiten Sie sich also langsam auf die Zeit in der Sie ganz ohne Zigarette leben werden, vor, und seien Sie weiter fest entschlossen mit dem Rauchen endgültig aufzuhören. Machen Sie sich immer wieder bewusst, dass Sie sich von etwas Negativem befreien. Dass der "Rauchgenuss" nur in Ihrer Einbildung existiert, und Sie zuvor, ohne dieses ständige Bedürfnis, weitaus freier und zufriedenen gewesen sind. Die Rauchsucht beruht nicht auf einem Körpervergnügen, sondern wie die Spielleidenschaft, oder das Internet- und Handygucken, auf einem Vorgang im Kopf. Und weil das so ist, können Sie diese Sucht mit den richtigen Vorstellungen überwinden.

Die Rauchentwöhnung mit der Methode "Geistessport" erfolgt, den Mechanismen des Sphinx-Phänomens folgend, in drei Stufen:

1. Verzögerungstaktik

Beginnen Sie, indem Sie ab sofort jede Zigarette bewusst rauchen. Indem Sie den Zeitpunkt jedes Mal etwas hinausschieben, bekommen Sie das Verlangen immer mehr unter Ihre Kontrolle. Es geht um Ihr entschiedenes Nein! Die bewusste Verzögerung verleiht Ihnen, für die Zeit der Enthaltsamkeit, Macht über Ihre Sucht. Man spürt förmlich wie, nach einigen Sekunden, die für die Überwindung aufgewendete Energie zurückströmt und einen mit Stärke und Befriedigung erfüllt. Es ist, wie das angenehme prickelnde Gefühl, das sich einstellt, nachdem man ins kalte Wasser sprang.

Warten Sie bei jeder Zigarette eine Viertelstunde, ehe Sie diesem Verlangen erliegen. Sobald das zur Gewohnheit wurde, warten Sie eine halbe Stunde. Später eine ganze Stunde. Zünden Sie jede Zigarette etwas später an als der Lustschemen will. Dabei werden Sie überrascht feststellen, dass während der bewussten Verzögerung, die Intensität des Verlangens nicht zunimmt, sondern nachlässt. Man schwächt den Schmarotzer, sobald man ihn abwehrt und zurückdrängt. Bereits eine Verzögerung ist ein Sieg und Sie gewinnen Autorität und Selbstvertrauen.

2. Reduzierung

Als nächsten Schritt reduzieren Sie den täglichen Zigarettenkonsum jede Woche um 5 Stück. Statt 30 nur 25, statt 25 nur 20, statt 20 nur 15 Stück pro Tag, usw. Das jeweils erreichte Minimum dürfen Sie nie wieder überschreiten. Selbst in der größten Krise oder glückbesoffensten Stimmung darf das nicht geschehen. Der Erfolg beruht darauf, dass Sie immer weniger und weniger, aber niemals wieder mehr Zigaretten konsumieren als am Tag zuvor.

3. Kurzentzug

Sobald Sie mit 3 Zigaretten täglich auskommen, bestimmen Sie jede Woche einen rauchfreien Tag. Und wenn Sie auch das schaffen, gehen Sie dazu über und bleiben einen längeren Zeitraum, den Sie unbedingt zuvor festlegen, abstinent. Haben Sie es einen ganzen Tag geschafft, dann sind Sie stark genug, um es auch zwei Tage und dann drei Tage ohne Zigarette auszuhalten. Aber nicht sagen: werde sehen, wie lange ich es aushalte, sondern ganz bewusst 2 oder 5 oder 10 Tage als rauchfrei bestimmen und das unter allen Umständen auch durchhalten. Auf diese Weise demonstrieren Sie Ihre Überlegenheit.

Zwischen den rauchfreien Tagen dürfen Sie Ihre 3 Zigaretten täglich konsumieren. Dieser Rückschritt ist kein Rückfall, weil man ihn ja selber plant. Am besten, Sie nehmen sich zuerst nur eine kurze rauchfreie Zeitspanne vor, die Sie dann beim nächsten Mal verlängern. Wenn Sie auf diese Weise bewusst mit dem Rauchverlangen umgehen, wird es Ihnen bald leichter fallen, auch längere Zeit auf die Zigaretten zu verzichten. Sobald es Ihnen mehrmals gelungen ist, einen Tag lang nicht zu rauchen, wird es Ihnen auch gelingen, eine Woche und später einen Monat auszusetzen. Und wer einen Monat schafft, der kann sicher sein, dass er auch zwei Monate und länger ohne Zigarette leben kann. Er hat erfahrungsgemäß kein Problem mehr mit dem endgültigen Aufhören.

Fassen wir zusammen.

1. Das Rauchverlangen wird immer erst nach einer bewusst festgelegten Verzögerung befriedigt.

2. Der tägliche Zigarettenkonsum wird langsam reduziert und darf nie wieder erhöht werden.
3. Die rauchfreie Zeit wird nach und nach verlängert.
4. Die Sportmethode wird mit der Blitzmethode beendet.

Man kann mit der Sportmethode den Zigarettenkonsum reduzieren, seine Willensmuskeln trainieren und sich tapfer durch den Tag kämpfen, aber irgendwann muss man dann doch die letzten Reste der Rauchlust mit dem Überraschungsangriff der Blitzmethode eliminieren. Bestimmen Sie diesen Zeitpunkt nicht im Voraus, denn dann geht der Überraschungseffekt verloren, aber schieben Sie die Entscheidung nicht zu lange hinaus.

Sobald Sie mit 3 Zigaretten täglich auskommen, und es schaffen, eine Woche lang nicht zu rauchen, haben Sie das Rauchbedürfnis im Griff. Sie wissen jetzt, dass es an Ihnen liegt, und dass Sie auch ohne Rauch leben können und sind reif für den Entschluss, damit endgültig aufzuhören. Wenn Sie jetzt nicht aufhören, dann sind Sie wirklich nicht zu retten. Drei Zigaretten sind nicht weniger gesundheitsschädlich als dreißig. Das weiß man von den Studien über das Passivrauchen. Ihrem Körper ist es vollkommen wurst, wie viel Sie täglich rauchen. Er benötigt Stunden, um die Giftstoffe einer einzigen Zigarette abzubauen. Ob Sie sich mit 10 Milligramm Arsen oder mit 30 umbringen, ist völlig egal. Entscheiden Sie selbst wie lange Sie noch leben wollen und sprengen Sie endlich auch den letzten Suchtegel mit der "Blitzmethode" in die Luft.

Gibt es Hilfsmittel?

Nikotinpflaster: Für manche starke Raucher kann das Nikotinpflaster eine vorübergehende Hilfe sein. Das beruht jedoch genauso auf einem Placeboeffekt wie die eingebildete Entspannung durch den Rauch. Denn es ist nicht das Nikotin, das zum Rauchen verführt und die Verspannung löst. Wenn das so wäre, würde die Entwöhnung mit dem über die Haut zugeführten Nikotin wesentlich leichter gehen. Das gleiche gilt für die anderen am Markt befindlichen Medikamente, die über die suchtauslösenden Rezeptoren im Gehirn die Entzugssymptome reduzieren sollen. Es ist nicht die Chemie, sondern das Ritual, die Gewohnheit, die Empfindung vom Druck im Hals, die immer wieder erlebt werden will. Das muss aus dem Gedächtnis verschwinden und das dauert eben eine gewisse Zeit.

Die E-Zigarette.

Dampfen ist ein fragwürdiger Ersatz. In den ersten Tagen des Entzuges kann die warme Druckempfindung im Hals den echten Rauch vortäuschen. Es ist ja mehr diese Empfindung, als das Nikotin, das zum Rauchen verführt. Wird diese Rauchempfindung durch warmen Dampf ersetzt, so mag das eine vorübergehende Ersatzbefriedigung sein. Aber es hilft einem nicht, mit dem Rauchen aufzuhören. Im Gegenteil. Die Erinnerung an das Rauchen bleibt dadurch erhalten und man wird das Verlangen nach der Zigarette nicht los. Es ist als würde ein lüsterner Mönch, der enthaltsam leben will, statt Sex mit der Nonne, zu einem Pornofilm masturbieren.

Sauerstoff!

Die suchtauslösende Empfindung der Inhalation kann man anders ersetzen. Die Lust dieses Lasters kommt aus dem Hals und kann daher über die Atemluft befriedigt werden. Wenn Sie anstelle einer Zigarette fünf Minuten laufen oder flott gehen, ist die Lust für die nächste halbe Stunde gestillt. Die Lunge hat Ihren Anreiz bekommen, und die vermehrte Sauerstoffzufuhr ersetzt den Pseudoeffekt des scheinbar stimulierenden Nikotins. Natürlich ist es nicht möglich, dass Sie den ganzen Tag in der Gegend herumrennen. Aber Sie können trotzdem zwischendurch Sauerstoff tanken. Atmen Sie einige Male tief durch. Einatmen, ausatmen, langsam und bewusst. Sie atmen Gesundheit ein und Suchtreste aus. Diese bewusste Durchlüftung mit Sauerstoff bewirkt tatsächlich einen Reinigungsvorgang der spürbar und messbar ist.

Ersatzhandlungen.
Ersatzhandlungen sind vernünftig weil sie ablenken und das Bedürfnis nach dem Zigarettenrauch ausschalten oder ersetzen können. Die meisten greifen jedoch nach Süßigkeiten und gewöhnen sich damit das Naschen an. Maria Treben empfiehlt in ihrem Buch "Kräuter aus der Apotheke Gottes" zur Rauchentwöhnung Kalmus Wurzel Acorus calamus) zu kauen. Tatsächlich haben uns viele Briefe erreicht die diese suchtstillende Wirkung der Kalmus Wurzel bestätigen.

Hypnose.
Hypnose ist in jedem Fall eine Hilfe. Die Befreiung aus der Abhängigkeit gelingt leichter und lässt sich zusammen mit einem seriösen und kompetenten Therapeuten besser meistern als wenn man auf sich alleine gestellt ist.

Für Selbsthypnose mittels Autosuggestion verwendet man die Hypnoscheibe und die einfache Formel: "Ich will nicht rauchen. Ich rauche nicht. Der Verzicht stärkt mich und meinen Willen."

Die Hypnoscheibe.
Die Hypnoscheibe hat sich auch für die Rauchentwöhnung sehr gut bewährt. Viele Leser, die mehrmals vergeblich versucht hatten, sich das Rauchen abzugewöhnen, konnten mit Hilfe dieses wirkungsvollen Mandalas ihre Rauchsucht endlich besiegen.

Verwenden Sie dazu die Absichtserklärung und die folgenden Psychoformeln:

Ich bin ganz ruhig und entspannt. **Ich will das Rauchen reduzieren.** Ab jetzt gelingt es mir, jeden Tag etwas weniger zu rauchen. **Rauchen ist mir völlig gleichgültig.** Ich spüre eine Abneigung gegen Zigarettenrauch. Wenn ich Zigaretten sehe, verstärkt sich sofort mein Widerwille gegen die Sucht. Rauchen ist ungesund. Ich atme ruhig und entspannt und fühle mich wohl. Zigarettenrauch verstinkt das Zimmer und die Kleider. Es ekelt mich davor.

Diese Einstellung bleibt immer in mir verankert und wird von Tag zu Tag stärker. Der zähe Teer im Rauch verklebt die feinen Lungenbläschen. **Rauchen ist eine Schwäche.** Ich spüre immer mehr Abneigung gegen die Rauchsucht und ich weiß, sie ruiniert meinen Körper. Meine Abneigung gegen das Rauchen wird daher von Tag zu Tag immer stärker. **Rieche ich Zigarettenrauch, muss ich an meine Schwäche denken.** Ich rauche daher automatisch von Tag zu Tag weniger. Ich fühle mich sehr wohl, weil ich weiß, ich bin auf dem rechten Weg und schaffe es. Diese Einstellung verstärkt meine Zuversicht. Ich spüre deutlich, wie sich meine Gesundheit bessert. **Zigarettenrauch stinkt, mich ekelt davor.** Rauchen macht Mundgeruch und hässliche Zähne. Mit jedem Tag, an dem ich weniger rauche, verbessert sich meine Kondition. **Ich fühle, wie täglich meine Willenskraft wächst.** Sobald ich das Band höre (diesen Text lese), bin ich sofort zuversichtlich, gelöst und entspannt. Was ich höre (lese), prägt sich tief in mein Bewusstsein und ich befolge alles gerne. **Heute ist ein rauchfreier Tag für mich, der Rest des Tages ist rauchfrei.** Ich bin überzeugt, dass ich es kann, und erlebe, wie es mir immer leichter gelingt, meinen Vorsatz einzuhalten. Es fällt mir von Tag zu Tag leichter, meine Rauchentwöhnung durchzuziehen. **Rauchen ist mir schon ganz gleichgültig, wichtiger ist mir der Zuwachs meiner Willenskraft.** Der disziplinierte Umgang mit den Zigaretten ist bereits ein Teil meiner Persönlichkeit. Ich fühle mich wohl dabei. Ich bin stolz und glücklich, weil ich weiß, dass ich es schaffe. Das Rauchverlangen wird immer weniger. Ich brauche heute keine Zigarette mehr. Es fällt mir leicht, meine Absicht umzusetzen. **Mein Bedürfnis nach frischer Luft ist größer als die Lust auf Rauchgeschmack.** Auch heute bin ich stärker als die Sucht.

Naschlust?
Wie bereits erwähnt, gibt es doch eine unerwünschte Nebenwirkung. Man will sich anstelle der Zigarette etwas anderes in den Mund stecken. Die meisten greifen zu Süßigkeiten und gewöhnen sich damit das Naschen an. Und nehmen zu.

Nehmen Sie lieber Karotten, Ingwer, oder anderes Obst in kleinen Stücken. Auch Süßholz gibt einen kalorienfreien Geschmack im Mund. Und trinken Sie viel. Am besten klares Wasser. Anstelle jeder Zigarette ein Schluck Chai- oder Pfefferminztee ist ebenfalls eine harmlose Entschädigung, die nicht süchtig macht. Und gehen Sie laufen. Der vermehrte Sauerstoff vermittelt ein phantastisches Gefühl in der Lunge, stimuliert das Gehirn und ist ein wunderbarer Ersatz für den Rauch.

Die Umstellung des Körpers dauert 3 Monate.
Wer in dieser Zeit die Kalorienmenge, mit der in diesem Buch beschriebenen Jojo-Technik kontrolliert, der hat kein Gewichtsproblem. Nach drei Monaten ist auch die Lust auf eine Zigarette verschwunden und braucht nicht mit Ersatzhandlungen befriedigt werden. Für diese drei Monate jedoch gilt: kein Fastfood, keine Chips, keine Pommes, keine Pizza, keine Hamburger. Keine gekauften Süßgetränke mit Fruktose, denn die machen dick. Süßspeisen, Kuchen und Kekse mit echtem Zucker selber machen. Achtung vor den Kalorien in gekauftem Fruchtjoghurt, Obst und Müsli!

Vermeiden von Gefahren.
In der ersten Zeit wird der neue Nichtraucher stark auf Zigarettenrauch reagieren. Jeder Raucher in der Nähe wird zur Gefahr. Meiden Sie alle Räume und Lokale, in denen geraucht wird. Und meiden Sie Alkohol. Im illuminierten Zustand werden oft alle guten Vorsätze über Bord geworfen. Alkohol enthemmt und bricht die Willenskraft. Die meisten Rückfälle passieren bereits im leicht berauschten Zustand.

DER KAMPF MIT DEN SCHEMEN ALS GEISTESSPORT

Betrachten Sie die Entwöhnung als Sport, bei dem Ihnen neue Geistesmuskeln wachsen und Ihre ganze Persönlichkeit an Strahlkraft gewinnt. Das Gefühl der Befriedigung, das man erlebt, wenn man seine Sucht überwindet, kann mit keinem anderen Erfolgserlebnis verglichen werden. Es hebt und bestätigt das Selbstbewusstsein. Sie werden das bereits bei der ersten Zigarette, die Sie nicht rauchen, erfahren. Und jede weitere Zigarette, die Sie, nicht anzuzünden, sondern samt dem Suchtschemen im WC runterspülen, wird Sie mit Stolz erfüllen und bestätigen, dass Sie einen ausgeprägten starken Willen haben. Jeder Verzicht stärkt Ihr Durchsetzungsvermögen. Die Freude an jedem Sieg macht weitaus zufriedener als die Zigarette im Mund.

Wer will die Zigarette rauchen?
Dass Sie gerne aufhören möchten, bedeutet, Sie wollen gar nicht rauchen. Machen Sie sich das bitte immer wieder bewusst. Jedes Mal, bevor Sie eine Zigarette aus der Schachtel ziehen und in den Mund stecken, fragen Sie sich, ob Sie dieses gesundheitsschädliche, persönlichkeitsschwächende Ding tatsächlich anzünden und inhalieren wollen.

Wollen Sie das wirklich?
Müssen Sie das?
Wer zwingt Sie dazu?

Nicht Sie wollen rauchen! Sie wollen doch nicht, sonst würden Sie ja nicht versuchen, aufzuhören. Es ist etwas anderes in Ihnen, das sich im Tabakrauch spüren und erfahren will. Es ist die Erinnerung an den zweifelhaften Genuss, die nicht verblassen und nicht sterben will. Die will sich immer wieder erleben und benützt dazu Ihren Körper und Ihre Sinne.

Nicht Sie wollen den Qualm. Es ist ein Schemen, der sich erleben will. Ein Schemen der Körperempfindung, die sich beim Einatmen des Rauchs einstellt, beeinflusst Ihre Gedanken und Ihren Willen. Die Körperempfindung von dem warmen Druck in der Kehle, von dem Geruch und dem Geschmack. Ein Gedanken- und Gefühlskomplex, ein Suchtschemen, ein Vampir und Schmarotzer, der sich über diese, für Sie völlig sinnlose Empfindung am Leben hält. Genau genommen ist es die "Macht der Gewohnheit", ein ganz banales Ritual, das Sie sich irgendwann angewöhnten, und das zu einem festen Bestandteil Ihres Leben wurde. Es lässt sich genauso wieder abgewöhnen.

Die psychophysischen Mechanismen der geistigen Macht. Das von den Neurowissenschaftlern als Belohnungszentrum bezeichnete Hirnareal ist in Wahrheit das Ich- Entmachtungszentrum, an dem die Schemen den Geist des Ich von der Schaltstelle der Lust verdrängen. Die Folge ist ein Kontrollverlust über sein eigenes Wesen. Es ist wichtig, dass man sich diese entwürdigende Degradierung bewusst macht.

Neurologisch betrachtet muss man zwischen den Körperregungen, also Körperbedürfnissen, Gewohnheiten, Lustbegehren usw. - und dem geistigen Impuls, der schlussendlich bestimmt, ob man den Regungen folgt oder nicht folgt, unterscheiden. Der Körper wünscht sich etwas. Der Geist ist die Instanz, die sagt: "Ich will". Körperbedürfnisse und Empfindungen, die aufgrund häufiger Wiederholung ein Eigenleben entwickelten, und dem Geist, also Ihnen, die Rolle als Chef streitig machen, nennen wir Schemen. Genau genommen sind es kleine Geister, die, genauso wie Sie, gerne am Leben sind.

Schemen sind keine esoterischen Hirngespinste sondern ganz reale Regungen, die sich aus den Körpertrieben, Begierden und Leidenschaften entwickelten und ein fester Bestandteil eines jedes Menschen sind. Ob man in diesen psychischen Komplexen, Regungen des Unterbewusstseins, Teilpersönlichkeiten der Psyche, oder hormongesteuerte elektromagnetische Entladungen auf der Gehirnrinde sieht, oder kleine Geister, bleibt jedem selbst überlassen.

Es handelt sich auf jeden Fall um Energien, um Mächte und Kräfte, die erheblichen Einfluss auf Ihre Gedanken, Ihre Wünsche und Ihr Handeln haben. Es sind eigenständige Mächte, die agieren als wären sie mit einem Selbsterhaltungstrieb ausgestattet, die sich dem persönlichen Ich entgegenstellen.

SCHEMEN, SCHMAROTZER UND PARASITEN: DIE SUCHTEGEL

In jedem Raucher, also in seinem Inneren, dem Bewusstseinskörper, spielt sich etwas ab, das schockierend ekelhaft ist. Sie können es mit Ihren physischen Augen nicht sehen, aber wäre das der Fall, die Lust aufs Rauchen würde Ihnen sofort vergehen. Die Rauchsucht kommt ja, wie wir feststellten, nicht vom Raucher, sondern von den mentalen Gebilden, die wir Schemen nennen, die sich aus der wiederholten Körperempfindung, die mit dem Rauchen verbunden ist, gebildet haben. Diese Parasiten sehen aus wie dicke weiße Maden, mit einem runden Fischmaul mit schwarzen scharfen Zähnchen und glutroten Augen, quasi fleischgewordene Zigarettenreste die weiterglühen. Sie fressen sich durch den Körper, saugen sich an den Auswüchsen der Gedanken: "Zigarette rauchen, Zigarette rauchen" fest, und lassen nicht los, ehe Sie sich endlich die Zigarette in den Mund stecken und anzünden.

Es ist ein Glück, dass die Rauchsüchtigen das nicht wahrnehmen. Alkoholabhängige sind da nicht so gut dran. Viele von ihnen sehen diese Parasiten, die im Alkoholikerbewusstsein herumkriechen wie die Fliegen in der Kuhscheiße und werden halb verrückt davon. Sie sehen tatsächlich riesige Fliegen, Spinnen, weiße Mäuse und bedrohliche Insekten. Den Drogenjunkies treten die Suchtegel als schreckliche Dämonen gegenüber und treiben sie in den Wahn, dem sie mit noch mehr Rausch versuchen zu entkommen.

Es handelt sich tatsächlich um mentale Parasiten, die der Raucher durch seine Aufmerksamkeit und seine Zuwendung am Leben hält. Diese Suchtegel, sind den Blutegeln sehr ähnlich, denn sie saugen sich fest und leben von Ihrem geistigen Blut. Sie gelangen jedoch nicht von außen in Ihr Bewusstsein sondern entstehen im Sumpf der eigenen Triebe und Regungen. Und sie fallen nicht ab. Nach einer kurzen Pause machen sie sich erneut bemerkbar, beißen wieder fester zu, und bewirken, dass man an die nächste Zigarette denkt. Wer seine Gedanken und Phantasien nicht ständig überwacht, dem wachsen seine Leidenschaften über den Kopf. Ganz gleich, ob es sich um Lust auf Sex, Schokolade oder eine Zigarette handelt.

Aber kein Suchtegel ist so besitzergreifend und despotisch wie die Rauchegel. Sagt man einem Trinker, er soll nicht trinken, so wird er gelassen darauf reagieren, und wer zuviel nascht, oder isst, wird es auch nicht übel nehmen, wenn man ihm seine Schwäche vorwirft. Nicht einmal Drogenabhängige machen sich etwas aus Kritik. Nur die Raucher. Die reagieren sofort und zwar heftig und aggressiv und fühlen sich persönlich angegriffen. Das liegt daran, weil sie genau wissen, dass sie nicht willensschwach, sondern willensfaul, verantwortungslos und uneinsichtig sind und völlig unter die Herrschaft der Rauchegel stehen.

So wird der Kampf zum Sport

Für eine selbstbestimmte Persönlichkeit ist jede gerauchte Zigarette eine beschämende peinliche Niederlage. Das ist die kurze Pseudoentspannung nicht wert. Jeder Verzicht bereitet mehr Freude als die kurze Befriedigung. Mit jedem "Nein! Nicht jetzt", entzieht man dem Schemen genau jene Energie, mit der er einen attackiert. Diese gewonnene Geisteskraft lässt einen den nächsten Angriff leichter abwehren. Das ist keine Behauptung sondern kann leicht in der Praxis nachvollzogen werden.

Dazu macht man sich jeden Sieg bewusst, und wenn es nur ein Durchhalten über einen Tag oder die Verzögerung um eine Stunde war, die man sich vorgenommen und geschafft hat. Man spürt den Geistgewinn, fühlt sich gestärkt und bestätigt und freut sich über seinen Erfolg.

Der Erfolg der "Sport" Methode beruht darauf, dass man sich die Freude über jeden Sieg bewusst macht. Aus dieser Freude bildet sich nämlich ebenfalls ein Schemen, der sich dann ganz von selbst den Rauchschemen entgegen stellt. Während die Rauchschemen, mit jeder Zigarette, die man nicht raucht, schwächer werden, wird dieser Freudschemen, der sich von der Freude über den Sieg ernährt, mit jeder nichtgerauchten Zigarette immer mächtiger. Sehr bald gewinnen Sie Gefallen an dem Kampf, und aus dem Kampf mit der Sucht wird ein Sport für mehr Geisteskraft.

Auch der Geist hat Muskeln. Wer mit dem Rauchen aufhört, besiegt nicht nur diese Sucht, sondern erlangt durch den Kampf auch reine Geisteskraft. Das ist wie beim sportlichen Training. Die aufgewendete Energie geht nicht verloren. Es bilden sich Geistesmuskeln, die einem auch bei anderen Vorhaben zur Verfügung stehen. Damit steigt auch das Selbstvertrauen. Es ist eine Tatsache, wer die Rauchsucht besiegt hat mehr Erfolg im Leben.

Durch den Rauchentzug wird man nicht nur die Schemen der Rauchsucht los, sondern gewinnt Energie für seine Willenskraft. Statt dem Rauchgenuss wird die Freude über jede nichtgerauchte Zigarette zu einem neuen Lustgefühl und erfüllt einen mit Stolz und Zufriedenheit. Der wahre Wert der Entwöhnung, liegt daher in dem Zuwachs an Geisteskraft. Die durch den Verzicht gewonnene Energie ist reine Lebenskraft und das Gold der geistigen Ebenen. Sie verleiht Würde, Gelassenheit und die Ausstrahlung einer starken Persönlichkeit. Wer mit seinen inneren Vampiren fertig wird, der ist auch den äußeren Schicksalsmächten und seinen menschlichen Konkurrenten überlegen.

AUS LUSTBEGEHREN WIRD WILLENSKRAFT

WILLENSKRAFT

Das klingt doch alles so einfach, werden Sie sich sagen, nachdem Sie das Buch gelesen haben. Aber warum schaffen es trotzdem nur so wenige Menschen, mit dem Rauchen aufzuhören, ihr Gewicht zu reduzieren, ihre schlechten Gewohnheiten aufzugeben? Was hält den Alkoholiker bei der Flasche, was zwingt den Drogenabhängigen in den Bann seiner Sucht, was lässt Millionen Menschen, obwohl sie es sich so oft vorgenommen haben, nicht mit dem Rauchen aufhören? Warum geben manche bereits nach wenigen Stunden oder Tagen wieder auf?

Warum sind auch Sie bis jetzt immer wieder schwach geworden? Die Antwort ist einfach; Sie gaben auf, weil jede Entwöhnung unangenehm ist und Sie deshalb in Ihrem tiefsten Inneren gar nicht die Absicht hatten, auf Ihr Vergnügen zu verzichten. Sie wollten es gar nicht wirklich. Sie wünschten es bestenfalls und selbst das nur halbherzig.

Doch das reicht nicht. Man muss sich wirklich mit jeder Faser seines Wesens wünschen, dass man sein Ziel erreicht und die damit verbundenen Opfer in Kauf nehmen. Man muss dieses zwingende Körperbedürfnis mehr verabscheuen, als man den damit verbundenen Genuss liebt und die feste Absicht haben, alles Mögliche zu tun, um die Kilos oder die Sucht loszuwerden. Um jeden Preis. Nichts darf wichtiger sein, als das angepeilte Ziel zu erreichen. Ja, man muss davon geradezu besessen sein. Man muss erfüllt sein von der Vorstellung, dass man stärker ist als der Zwang.
Der Wunsch und die Vorstellung, dass Sie ohne Fresssucht, Naschlust, Nikotinverlangen usw. leben wollen, muss Sie so beseelen, dass die Lust auf das Essen, Naschen, Rauchen oder Trinken zur Nebensache wird.

Sobald der Wunsch, die Vorstellung und die feste Absicht eine Einheit bilden, wird sich Ihre Wunschkraft in reinen Willen wandeln.

Das gelingt leichter, wenn auch eine Vorstellung davon vorhanden ist, warum es für Sie besser ist, nicht zu naschen, rauchen, trinken usw. Gründe dafür gibt es wirklich genug: Gesundheit, Schönheit, Vitalität und Geisteskraft. Machen Sie sich auch klar, dass die Ess- Nasch- Rauch- oder Trinklust gar nicht von Ihnen selbst, sondern von einem zu mächtig gewordenen Schemen, also einem verselbstständigten Körpertrieb gebildet wird, und der Genuss, den Sie anstreben, gar nicht Ihnen, sondern diesem Geistschmarotzer zugute kommt. Sie erkennen das an dem schalen Gefühl, das zurückbleibt, nachdem Sie den Trieb befriedigt haben.

Es ist für Sie viel lustvoller, wenn Sie auf die Befriedigung des Triebes verzichten und dafür bewusst den Erfolg Ihres Sieges genießen. Sie fühlen dann, wie plötzlich umgekehrt die Energie dieses Schemens, sobald Sie ihm widerstehen, Ihnen selbst zufließt und Ihre Geisteskraft verstärkt. Diese geistige Befriedigung hält viel länger an als jeder andere Genuss.

Sie werden es bald bemerken: Geistige Energie schmeckt besser als alles andere auf der Welt.

Ihr Wunsch, Sieger zu sein, muss ständig im Vordergrund Ihrer Aufmerksamkeit stehen.

Sie dürfen keinen Gedanken an die mit der Befriedigung verbundenen Empfindungen haben, also zum Beispiel stundenlang an die Schokolade im Kühlschrank denken. Der einzige Wunsch, den Sie aufrecht halten, das einzige Bedürfnis, das Sie befriedigen wollen, muss die Freude über Ihren Sieg über die Körperschemen und die dadurch gewonnene Geisteskraft sein. Sie können diese neue Form von Genuss sofort erleben, sobald Sie Ihren Wunsch nach Geisteslust realisieren und dazu auf die Befriedigung eines Körperbedürfnisses verzichten.

- Sobald Sie an Schokolade, Kuchen oder Schinkenbrote denken und sich ausmalen, wie Sie sich die Köstlichkeiten genüsslich einverleiben, werden Sie früher oder später zum Kühlschrank gehen und sich tatsächlich, auch gegen Ihre Absicht, damit voll stopfen.

- Sie können genau so gut an Ihre geistige Kraft denken, die Sie haben, solange Sie nicht schwach werden, und dürfen sich über jede Minute freuen, die Sie durchhalten. Auch dieses Gefühl der geistigen Befriedigung ist ein Genuss.

- Denken Sie nie an die Mahlzeit, die geliebte Nascherei, die gewohnte Zigarette usw., auf die Sie gerade verzichten. Beachten Sie auch nicht die Entzugserscheinungen. Konzentrieren Sie sich stattdessen ausschließlich auf die innere Befriedigung, die Sie fühlen, weil es Ihnen gelingt, dem Zwang der Sucht zu widerstehen.

Sie werden überrascht sein, welchen Genuss der bewusste Konsum von reiner Geisteskraft bedeuten kann. Und Sie werden sich wundern, wie die Köstlichkeiten im Kühlschrank immer bedeutungsloser werden und Ihre Bilder leblos verblassen.

Geben Sie aber Acht, dass Sie nicht süchtig nach Geisteskraft werden. Denn dieser Zustrom von innerer Macht und Stärke ist oft so überwältigend, dass man davon gar nicht genug bekommen kann. Und wird er nicht kontrolliert, bildet sich daneben genauso ein Lustschemen, der die gewonnene Energie auf sich lenkt. Magersucht oder Askese können die unliebsamen Folgen dieses neuen Schemens sein. Das ist dann schon wieder ein neuer Schmarotzer, für den Sie fasten, und nicht Ihr wahres Ich Selbst, das dahinter steht.

Beachtung stärkt jeden Schemen

Zwei geistige Vorstellungen stehen einander gegenüber: Einmal Ihr eigener wunschgetragener Gedanke, die Diät zu machen. Und auf der anderen Seite das lustgetragene Bild, zum Beispiel von einer Torte, das mit all den geschmacklichen und duftenden Genussvorstellungen in Ihrem Bewusstsein pulsiert und das auch noch von den körpereigenen Bedürfnissen ständig erregt und ins Bewusstsein gerufen wird.

Dass die Befriedigung des Lustschemens nicht Ihnen zugute kommt, erkennen Sie sofort nach der Erfüllung seines Wunsches. Er ist plötzlich verschwunden. Und mit ihm schwindet ein beträchtlicher Teil Ihrer Geisteskraft. Denn Sie bleiben geschwächt zurück. Statt des Gefühls der Befriedigung haben Sie das schale unbefriedigende Gefühl, versagt zu haben. Diese deprimierende Stimmung hält noch lange an und entmutigt Sie.

Ganz anders, wenn Sie umgekehrt dem Suchtschemen nicht zum Kühlschrank folgen. Wenn Sie seinem Drängen widerstehen und Ihren eigenen geistig getragenen Wunschvorstellungen folgen, fühlen Sie sich dadurch sofort gestärkt.

Beachten Sie immer wieder ganz bewusst den erfrischenden und stärkenden Strom von wahrer Geisteskraft, der schon wenige Augenblicke, nachdem Sie sich gezielt beherrscht haben, Ihr ganzes Wesen durchströmt und halten Sie diese neue angenehme Empfindung fest.

Machen Sie sich diese Grundlage Ihrer wahren Geisteskraft sofort bewusst. Diese Energie ist wertvoller als alles Gold der Erde. Dieses Gold bleibt Ihnen auch nach dem Tod erhalten und ist das Gold der feinstofflichen Ebenen, Ihr Kapital fürs Jenseits. Das ist Ihr wahrer und einziger Besitz, mit dem Sie SELBST agieren können. Nicht nur auf den feinstofflichen Ebenen, sondern auch in der grobstofflichen Welt ist diese vitalisierend strahlende Lichtsubstanz als Lebenskraft, Konzentrationskraft und Willenskraft die besondere Ausstrahlung und das Kennzeichen jeder erfolgreichen, starken Persönlichkeit. Grund genug, dieses Geistesgold zu sammeln. Die Vermehrung dieser wertvollen Geistsubstanz ist jedes Opfer, jede Mühe wert.

Der Hauptfehler, der bei einem Entzug gemacht wird, ist Halbherzigkeit. Insgeheim will man nicht wirklich auf das Vergnügen verzichten oder ist überzeugt davon, dass man ohne das Suchtmittel doch nicht leben kann. Für Süchtige gibt es keine Mitte. Sie können nicht in Maßen und mit bewusstem Genuss konsumieren, zum

Beispiel nur ein Bonbon, nur ein Gläschen Wein, nur eine Zigarette zum Kaffee. Sie beherrschen den betreffenden Lustschemen nicht und bekommen nicht genug. Daher müssen Sie, wenn Sie von einem Lustschemen abhängig sind, radikal auf jeden geringsten Anreiz von ihm verzichten. Sie müssen ohne diesen Genuss leben, der ja im Grunde genommen zum Leben gar nicht notwendig ist.

Bei Esslust und Gewichtsproblemen ist das aber nicht gut möglich. Ohne Essen kann keiner leben. Also muss man lernen, damit umzugehen. Was aber wieder den großen Vorteil hat, dass man durch den bewussten Umgang mit dem Genuss und seiner Kontrolle immer wieder seine Geisteskraft verstärkt.

DIÄT-YOGA MACHT FREUDE

Die Jojo Kurzdiät ist keine Fastenkur im herkömmlichen Sinn, sondern eine neue, vernünftige, gesunde Lebensweise, die auch den Geist und das Bewusstsein stärkt und festigt. Fanatische Abstinenz kann genauso unnatürlich und krankhaft sein wie hemmungsloses Fressen. Das eigentliche Ziel, das wir verfolgen, ist nicht abzunehmen, oder Askese, sondern seine Menschenwürde zu bewahren. Diät-Yoga will befreien, nicht nur von überschüssigen Pfunden, und unsinnigen Bedürfnissen, sondern von allem, was belastet und behindert. Dazu ist aber Disziplin nötig.

Unfreiheit beginnt nämlich nicht erst im Gefängnis oder beim despotischen Chef oder lieblosen Partner, sondern bereits im Geist und bei den eigenen Körperbedürfnissen. Nur die Macht über die Körpertriebe sichert die persönliche Freiheit, die es jedem ermöglicht, seiner Selbst- Bestimmung zu folgen. Der Körper darf für den Geist nicht zu einem Gefängnis werden und ihn mit seinen Leidenschaften und Bedürfnis versklaven. Umgekehrt dürfen Sie Ihren Körper nicht unterjochen. Er soll als Werkzeug dienen, mit dem man Erfahrungen und Erkenntnisse sammeln und Glücksgefühle, einschließlich Genuss bei der Befriedigung seiner Körperbedürfnisse, erleben kann.

Kontrollierter Genuss bereitet bekanntlich weitaus mehr Vergnügen als Exzess und ungehemmte Leidenschaft. Das erfordert maßvolle Zuteilung bei vielen Bedürfnissen, nicht nur beim Essen. Dazu ist bewusstes, überlegtes und beherrschtes Agieren in allen Lebensbereichen nötig. Das Vermeiden von Einschränkungen einerseits und von Übermaß und Übertreibungen auf der anderen Seite ist die einzige Möglichkeit, sich die Grundlage seiner Unabhängigkeit und Menschenwürde zu bewahren.

Jeder wird sich auf einem anderen Gebiet verlieren. Eine ehrliche Bilanz ist nötig. Nicht nur Rauchen, Trinken, Essen, Naschen, auch Faulheit, Sex und Tratschsucht gehören dazu. Wer täglich zwanzig Zigaretten raucht oder zum Essen immer ein Gläschen Wein genießt und glaubt, er kann damit jederzeit aufhören, soll doch einmal versuchen, vier Wochen lang darauf zu verzichten. Solange ihm das nicht gelingt, ist er genauso unfrei wie der Drogensüchtige, der sich vormacht, er habe alles fest im Griff. Er sitzt im eigenen Gefängnis.

Das gilt auch für jede andere liebgewonnene Angewohnheit, nicht nur für das Essen, Rauchen oder Trinken. Man braucht nur einmal eine Zeit lang auf ein gewohntes Vergnügen zu verzichten, um sich das entwürdigende Gefühl seiner Abhängigkeit bewusst zu machen. Seine Menschenwürde zurückzugewinnen, wird dann sicher genauso zu einem Bedürfnis werden wie zuvor der zweifelhafte unkontrollierte Genuss.

- Jede Vorstellung ist ein Wesensteil von Ihnen und wirkt in Ihrem Bewusstsein, unabhängig davon, ob Sie gerade daran denken oder nicht.

Die Vorstellung der Freude über Ihren Sieg, den Sie bei jedem Verzicht erringen, ist wie ein eigenständiges kleines geistiges Wesen, eine Macht, die Ihnen unabhängig von Ihrem bewussten Wollen ab sofort zur Verfügung steht und ständig wächst. Verlassen Sie sich darauf, es ist jetzt etwas in Ihnen, das mit jedem Sieg stärker wird und sich selbständig den Suchtschemen entgegenstellt.

Eine Energiequelle, aus der Sie schöpfen können, die Sie spüren und die in Form von innerer Zuversicht immer öfter Ihr Bewusstsein erfüllt.

Ganz gleich ob Essen, Naschen, Rauchen oder Alkohol, Sie bestimmen, dass Sie den Zwang, der Sie drängt, überwinden wollen, und geben mit dem Wunsch und guten Vorsatz die Richtung vor. Der Rest wird von dem Elemental, das Sie durch die Freude am erfolgreichen Geistessport am Leben halten, besorgt. Die ausgeschütteten Glückshormone sind so etwas wie der irdische Körper, mit dem sich dieses Elemental in Ihrem Bewusstsein inkarniert.

Hier liegt das eigentliche Geheimnis von Diät-Yoga. Wenn man sich nämlich die Freude am Sieg bewusst macht und jedes Mal, wenn man mit einer Genussbefriedigung wartet, oder darauf verzichten kann, sich klar macht, dass der eigene Wille gerade stärker ist als die Lust auf Genuss, dann wird man bald süchtig nach Willenskraft. Man schafft sich einen neuen geistigen Komplex, mit dem man das Glückshormon abrufen kann, und dieser neue Komplex ist bald mächtiger als das Verlangen nach Essen, Rauchen oder Alkohol. Ein Komplex von Elementalen kann sogar zu mächtig werden und entarten. Eine mögliche Folge ist dann Magersucht, bei der die Elementale von der Vorstellung "ich will dünner sein" dem Betreffenden über den Kopf gewachsen sind. Die Botenstoffe sind keine zufällig auftauchenden leblosen Moleküle, sondern genauso erfüllt mit Leben wie jede andere Körperzelle. Jedes Glückshormon ist die Körperzelle von einem Elemental, also Teil eines geistigen Wesens, das sich am Leben erhalten will.

Sobald diese neuen lebendigen Vorstellungen: "Ich freue mich, weil mein Wille wieder stärker war als die Sucht" gebildet sind und nun ihrerseits Glückshormone ins Gehirn spülen, geht alles viel leichter.

Freiwillige bewusste Selbstdisziplin weckt eine Spiritualität, die erfrischend und verjüngend wie eine Hormonbehandlung oder eine Vitaminbombe wirkt. Und genau diese neue Geisteskraft ist die Energie, mit der man alle unliebsamen Regungen wie Esslust,

Rauchsucht oder Alkoholabhängigkeit bezwingt. Jeder kleine Sieg vermehrt die Kraft, die Sie gegen die nächste Versuchung einsetzen können. Und so wird es mit jedem Monat leichter. Wenn Sie dann auch noch die anderen Ratschläge dieses Buches befolgen, werden Sie spielend Ihr Wunschgewicht erreichen und halten können und für immer überzeugter Nichtraucher sein.

Diät-Yoga ist für viele Menschen zu einem Kompass und Kraftquell geworden. Wer mit seinem Gewicht zufrieden ist, wird vielleicht ein Höchstgewicht setzen, aber nur ein-, zweimal im Jahr Kontroll- Exerzitien, mit einer bewussten Fastenzeit, zur Geistesschulung einplanen. Wer raucht oder trinkt, wird in bewusst gewählten Perioden reduzieren und aus dieser Übung Selbstvertrauen, Zuversicht und Gelassenheit für ein erfülltes Leben schöpfen können.

Im Mittelpunkt steht aber niemals die Askese, sondern der bewusste Umgang mit seinen Bedürfnissen, Trieben und die beherrscht gelebte Lebenslust. Das Ziel ist Wachsein, Bewusstsein und Geisteskraft.

SO WIRD AUS SCHWÄCHE GEISTESKRAFT

Es gibt nur eine Möglichkeit, um an die Energie, die man in Form seines Willen mobilisiert und die man zur erfolgreichen Meisterung des Lebens benötigt, zu gelangen: das ist, indem man sie durch Selbstüberwindung den Schemen seiner Schwächen und Leidenschaften entzieht.

Wer mit dem Rauchen, Saufen, Fressen, Naschen aufhört, gibt nicht etwas auf, sondern gewinnt etwas. Etwas, das man sich nicht kaufen kann. Etwas, das einem nicht geschenkt oder verliehen wird. Etwas, das man weder auf Kraftplätzen, noch in Tempeln oder Kathedralen, sondern nur in seinem eigenen Inneren findet: Es ist der belebende Geist für Tatkraft, Menschenwürde und Selbstbewusstsein. Es ist die Energie und Strahlkraft, die eine selbstbestimmte Persönlichkeit von einem unfreien Menschen unterscheidet.

Diese Energie, kann man nur gewinnen, indem man sie unerwünschten Regungen durch Selbstbeherrschung entzieht. Durch Selbstdisziplin überführt man die Kraft der Leidenschaften und Begierden auf seine eigene geistige Ebene, und aus dem Triebbegehren wird Geisteskraft. Erst sie verleiht dem Einzelnen die Würde, die ihn über die breite Masse erhebt. Es ist die Energie, die den Erfolgreichen zu ihren Erfolgen verhilft. Es ist die Energie, die den Selbstbewussten ihre Sicherheit verleiht. Es ist die Energie, die einen Menschen aus dem Einflussbereich der Mächte, die ihn mit den Schemen der Leidenschaften und des Lustbegehrens ködern und die Selbstbestimmung rauben, befreit.

Aber nicht Askese ist gemeint, sondern Kontrolle! Kontrolle über seine Gedanken. Kontrolle über seine Gefühle. Kontrolle über das Lustverlangen, das aus den Gedanken, Gefühlen und Regungen körperbedingter Empfindungen entsteht. Gedanken- und Gefühlsschemen, Leidenschaften und Körpertriebe, Schemen der Trägheit genauso wie die Schemen der Unruhe und Ungeduld, sind nicht nur körpereigene Geistvampire sondern auch Sparringpartner für den Geist. Diese Energiekomplexe sind der Widerstand, durch dessen bewusste Überwindung man immer wieder neue Geisteskraft gewinnen kann. Jeder Bergsteiger wird es bestätigen: Wer einen Berg bezwingt, kommt gestärkt zurück.

Dazu sind keine großen Anstrengungen nötig. Nicht nur die Überwindung einer Sucht wie Drogen, Rauchen, Alkohol stärkt den Geist, auch der zeitweilige Verzicht auf die kleinen Verführer wie Sahnetorte, Leberpastete oder Schokolade, Internet surfen, Handy gucken, Bettherumliegen, liefern Energie, wenn man sie ihnen nicht freiwillig überlässt. Dem Raucher, dem Übergewichtigen, dem trägen Faulen, jedem, der mit einer Schwäche kämpft, bietet sich durch Selbstkontrolle eine einzigartige Möglichkeit, seine Persönlichkeit zu stärken und seinen Machtbereich zu erweitern.

Man gewinnt nicht nur eine starke Ausstrahlung sondern steigt auch auf der Mentalebene eine Stufe höher, sobald man sich aus dem Einflussbereich eines Schemen befreit. Man entkommt nicht nur den Wesen, die einen unterdrückten, sondern wird sichtbar für hilfreiche Geister, die einen zuvor nicht beachteten, jetzt aber gerne ihre Macht und Kraft zur Verfügung stellen. Das sind keine nebulosen esoterischen Thesen, sondern praktische Erfahrung die jeder mit Diät-Yoga erleben kann.

Durch den Mangel an kleiner Selbstbeherrschung
bröckelt die Fähigkeit zur großen ab.
Jeder Tag ist schlecht benutzt
und eine Gefahr für den nächsten,
an dem man nicht wenigstens einmal sich etwas
im kleinen versagt hat:
Diese Gymnastik ist unentbehrlich,
wenn man sich die Freude sein eigener
Herr zu sein, erhalten will.

Friedrich Nietzsche

ANHANG: TIPPS UND TRICKS AUS DER PRAXIS DER LESER

DAS HAT MIR GEHOLFEN

Der beste Ratgeber ist die Praxis. Deshalb ersuche ich alle Leser, mir ihre eigenen positiven Erfahrungen – auch solche, die sie mit anderen Diäten machten – mitzuteilen, damit ich diese an die Leser der nächsten Auflage weitergeben kann.

*

Sie schreiben, man wird von den Zwischenmahlzeiten nicht satt. Ich habe da andere Erfahrungen gemacht. Ich esse mehrmals am Tag, wenn ich Hunger bekomme, rohes Sauerkraut, das hat fast keine Kalorien und der Hunger verschwindet. Manchmal genehmige ich mir auch ein Stück Knäckebrot.

*

Eine halbe Stunde Laufen pro Tag genügt, um Stresshormone abzubauen und die Kapillargefäße zu vermehren. Der Körper bekommt zehnmal mehr Sauerstoff. In den Zellen vermehren sich jene Enzyme, die Fett auch dann verbrennen, wenn der Mensch ruht oder schläft. Dieser Effekt hält mehrere Tage an.

Viele scheitern beim Laufen, weil sie zu viel in zu kurzer Zeit erreichen wollten. Daher ist es besser, mit einem Gehen-Laufen-Gehen-Programm zu beginnen und die gelaufene Strecke sukzessive zu steigern.

Aus: "Gesund in die Zukunft", Kurier-Freizeit, Heft 544: Werner Rosenberger

*

Ich habe gelesen, Vitamin C ist ein Schlankmacher. Ich trinke jetzt zwei Liter Flüssigkeit am Tag, zumeist Wasser mit Zitronensaft, das nimmt tatsächlich auch den Hunger, besonders wenn man es eine halbe Stunde vor dem Essen trinkt.

*

L-Carnitin fördert angeblich die Verbrennung von Fettmolekülen. Ich kaufe diesen Sirup in meiner Apotheke. Ich glaube, das Mittel wirkt.

*

Um an Diättagen die aufgebrachten Magennerven zu beruhigen, trinke ich Kalmustee. Das hilft gegen Übersäuerung und füllt den Magen.

*

Seit sieben Tagen bin ich dabei "umzudenken". Gar nicht so einfach bei einem Gewicht von fast hundert Kilo. Aber seit ich mir das Siegel des IVAR zeichnete, ist bei mir etwas eingetreten, das ich noch nicht erklären kann. An oberster Stelle steht eine Meditation. In dieser Meditation stelle ich mir meinen Körper mit meinem Idealgewicht vor, auch mit der Kleidung, die ich dann zu tragen gedenke. Wenn ich dieses Bild aufgebaut habe und es wirklichkeitsnah vor mir steht, versuche ich mich in diesen Doppelgänger hinein zu versetzen. Das geht sehr gut. Alsdann drehe und wende ich mich in meinem Wunschkörper vor dem Spiegel und betrachte mich dabei. Wie selbstverständlich suggeriere ich mir dabei die folgenden Sätze: Ich vertraue mir und mag mich selbst bedingungslos.
Ab sofort ist mein Körper fit und gesund.
Ab sofort ist mein Körper schlank.
Ab sofort verbrennt mein Körper dreimal so viel Fett am Tag wie bisher.
Ab sofort schaffe ich alles.

Das goldenen Zeichen des IVAR schwebt dabei, strahlend wie eine Sonne, über mir. Diese Sätze verwende ich auch bei meinen stillen Meditationen und auch tagsüber spreche ich sie mehrmals in Gedanken aus und denke mir dabei, dass ich gesund und fit und bereits schlank geworden bin. Hierzu empfehle ich auch das Buch von Murphy: "Die Macht Ihres Unterbewusstseins", es hat mir bei meinen vorherigen Diäten viel geholfen.

Die selbe Leserin schrieb mir vier Wochen später:
Übrigens habe ich am 1. November mit Diät-Yoga angefangen. Zur Bewegung bin ich mit dem Hund zwei Stunden am Tag unterwegs (jeden Tag ist ein wenig mehr "Jogging" dabei). Mit einem

Tier zusammen kann man dies auch wunderbar ausprobieren. Ich röchle zwar noch so fürchterlich, dass mein Hund aufmerksam wird, aber egal, ich weiß, dass es funktioniert. Denn, was soll ich Ihnen sagen, heute ist der 11. November und ich wiege nur noch 91 Kilo, und das ohne großes Hungerleiden. Irgendwie kapiere ich es jetzt, das Amulett wirkt, ich glaube an mich, und wenn man an sich selbst glaubt, dann helfen einem auch die Engel.

*

Wichtig ist, man sollte sich auch ein vernünftiges Vitaminpräparat besorgen mit allen möglichen Spurenelementen. Magnesium und Kalium sind besonders wichtig, wenn man stark geschwitzt hat. Angeblich auch Calcium und Zink. Das eine für die Knochen und Zink für den Hormonhaushalt.

*

Eine sehr schöne Methode, vorzeitigen Hunger loszuwerden, ist das langsame Schlürfen von heißem Wasser. Ich habe das aus der hinduistischen Ayurveda-Tradition gelernt. Wenn ich Lust auf Essen oder Naschen habe, und auch vor dem Essen, trinke ich heißes Wasser, das befriedigt jedes falsche Hungergefühl und ist gut für den Magen und die Verdauung.

*

Ich nasche gerne, aber nur nach dem Essen und am Abend vor dem Fernseher. Vormittags zum Beispiel interessiert mich Süßes überhaupt nicht. Jetzt mache ich mir diese Gleichgültigkeit gegenüber Naschereien jedes Mal bewusst. Ich ritualisiere das mit der magischen Geste des IVAR und der Formel: "Naschen ist mir ganz egal". Ich denke dabei, so wie ich jetzt nichts Süßes wünsche, brauche ich es auch nicht zu einer anderen Zeit. Wenn ich dann am Abend, bei Bedarf, die Geste und Formel wiederhole, fällt mir der Verzicht viel leichter.

*

Bewegung zu früher Morgenstunde, etwa zwanzig Minuten leichtes Aerobic, setzt den fettverbrennenden Neuropeptidkreislauf in unserem Körper in Gang. Sportmedizinische Untersuchungen haben gezeigt, dass unser Körper nach zwanzig Minuten erhöhter Herzfrequenz und der tieferen, schnelleren Atmung, die sich bei sportlicher Betätigung ganz natürlich einstellt, eine erhöhte Fettverbrennung aufnimmt, die stundenlang andauert. Der wache, ruhige Zustand, der sich nach einer anfänglichen Euphorie einstellt, geht in der Regel mit verringertem Appetit einher.

Aus dem Buch: "Moleküle der Gefühle" von Candace Pert, Rowohlt Verlag.

*

Ich habe bemerkt, dass ich, wenn ich mehr Arbeit zu erledigen habe und deswegen um eine Stunde früher aufstehe, dabei ohne große Anstrengung ein Pfund in der Woche verliere.

*

Wenn ich mir die Zähne putze, gehe ich dabei immer etwas in die Hocke. Das spannt die Beinmuskeln und ist für mich schon die erste "Morgengymnastik" ohne Zeitverlust. Die zwei Minuten, bis das Teewasser heiß wird, mache ich Kniebeugen, und während ich auf den Bus warte, spanne ich alle Muskeln und wippe auf den Zehen, das merkt kein Mensch. Seit ich das praktiziere, ist mir mein Körper viel näher gekommen. Ich weiß nicht, wie ich das sagen soll, ich schleppe ihn nicht mehr mir herum, sondern fühle mich jetzt umgekehrt mehr von ihm getragen und kümmere mich jetzt mehr um ihn.

*

In den meisten Anleitungen zum Abnehmen wird behauptet, man verbrennt bei Puls 120 mehr Fettzellen als bei Puls 140 oder höherer Herzfrequenz. Neuere Studien beweisen aber eindeutig das Gegenteil. Je höher die Körperbelastung ist, umso mehr Fett wird in der gleichen Zeit verbrannt. Nicht nur der Verbrauch von Kohlenhydraten, auch der Abbau von Fettzellen steigt bei hohem Puls enorm an.

*

Die Ursache meiner Fresssucht, so erklärte mir meine Psychologin, liegt darin, dass ich mich nicht liebe und mich ablehne. Aber nachdem ich Ihr Buch Diät-Yoga gelesen habe, verstehe ich die Sache anders: Ich mag mich sehr und will mir helfen. Was ich nicht mag, ist die unbeherrschte Lust zu essen. Diese besteht aber, wie Sie schreiben, aus Gedanken- und Gefühlsmolekülen und nicht aus mir. Daher kann ich diese Wesenszellen meiner Vorstellungen und Triebe aushungern und damit die Sucht loswerden. Ich habe das auch ganz deutlich bemerkt; jedes Mal, wenn ich auf einen Bissen verzichte, ist die Macht der Lust, die mich zum Essen oder Naschen drängt, sofort viel schwächer. Zumindest für eine Zeit lang. Seit ich das durchschaue, fühle ich mich sicher und gehe ganz anders mit dem Essen um. Ich weiß, ich kann.

*

Ich sah im Fernsehen einen Bericht, da wurde behauptet, wenn man nach 17 Uhr nichts mehr zu sich nimmt, produziere der Körper ein Wachstumshormon, das verjüngt. Dieses Hormon entsteht nämlich erst einige Stunden nach der letzten Nahrungsaufnahme, wenn der Magen entleert ist.

*

Zucker macht weniger dick als man annimmt. Seit ich weitgehend fettfrei koche, nehme ich ab, obwohl ich noch immer viel nasche.

*

Seit ich das Frühstück und alle Zwischenmahlzeiten weglasse, und morgens nur mehr Kaffee, heiße Milch oder Tee trinke nehme ich ohne zu hungern kontinuierlich ab.

*

Ich habe gelesen, dass die Theorie, pflanzliche Fette wären gesünder als tierische, widerlegt wurde. Pestizide und Düngemittel gelangen in die Pflanzen, zum Pressen der Öle werden giftige

Zusatzstoffe verwendet, bei Soja Benzin. Die Farbstoffe, Konservierungsmittel und Härter in der Margarine sind auch nicht gesund. Man sollte unbedingt nur biologische Produkte verwenden.

*

Das Wort "Schlachtgewicht" hat mich erschüttert. Ich kann mich kaum mehr in den Spiegel schauen. Wenn ich Hunger habe, denke ich Schlachtgewicht und mir vergeht der Appetit. Fasten macht mir jetzt tatsächlich Freude.

*

Dank Diät-Yoga lernte ich, den bedingten Reflex, der meinen "Hunger" auslöst, zu durchschauen und zu unterbrechen. Damit konnte ich mein Gewicht problemlos um 20 Kilo reduzieren. Da ich aber gerne nasche, blieben meine Zuckerwerte trotzdem zu hoch. Es fiel mir furchtbar schwer, auch mit den Süßigkeiten aufzuhören. Dabei hat mir dann meine Wiener Ärztin, Dr. Veronika Königswieser (Homepage: www.immuntherapie.at), sehr geholfen. Sie ist spezialisiert auf Übergewicht und Essstörungen. Die Sache ist ganz einfach: Man installiert in seinem Unterbewusstsein ein Negativprogramm in Verbindung mit dem Essen. Durch starke Emotionen in Verbindung mit einprägsamen Vorstellungen kann man nämlich das Unterbewusstsein viel leichter umprogrammieren als nur durch Gedanken und Willenskraft.

Ich bekomme zwar noch ab und zu Lust auf Süßes, habe aber bereits nach einer kleinen Menge genug und will nicht mehr weiteressen. Früher konnte ich nicht aufhören, bevor die Packung leer war, heute reicht mir eine Rippe Schokolade oder zwei Kekse. Vor mehr würde mich ekeln. Das Süße ist jetzt aus dem Kopf.

*

Ich habe ein gutes Mittel, das den Magen füllt. Ein Löffel Weizenkleie in einem viertel Liter Wasser auflösen und man glaubt, man hat gegessen.

*

Ich finde es viel besser, nur einmal wöchentlich auf die Waage zu steigen. Die täglichen flüssigkeitsbedingten Schwankungen führen zu ganz falschen Ergebnissen.

*

Ich habe mit Diät-Yoga 20 Kilo abgenommen. Meine Cellulite habe ich dann mit Stretching und täglich fünfzig Kniebeugen in vier Monaten ganz weggebracht.

*

Drei mal versuchte ich mit dem Rauchen aufzuhören. Aber erst nachdem ich Ihr Buch gelesen habe, ist es mir gelungen. In der ersten Zeit der Entwöhnung kaute ich bei Rauchbedarf an einer Kalmus Wurzeln.

*

Seit ich mir vorstelle, dass die Lust auf eine Zigarette von einem unsichtbaren Parasiten kommt und nicht von mir, ist mir die Lust aufs Rauchen schlagartig vergangen. Der Verzicht fällt mir jetzt viel leichter. Seit einer Woche bin ich kein Sklave mehr.

*

Dass die in diesem Buch dargelegten "esoterischen" Thesen von der Macht des Geistes richtig sind, wurde inzwischen wieder einmal wissenschaftlich bestätigt:

"Fit durch Einbildung" Aus dem Spiegel Nr. 13, März 2007

All jenen, die von Dauerlaufen und muskelstraffenden Hops-Kursen genug haben, eröffnen Psychologen der Harvard University nun ein Training der dritten Art: fit durch Einbildung. Um Körperfett und Gewicht zu verlieren, reicht es aus, sich die kleinen Mühen des Alltags als gesundheitsfördernd vorzustellen, so Ellen Langer und Alia Crum. Die Forscherinnen hatten 84 Zimmermädchen aus sieben Hotels zum Versuch gebeten und ihnen zunächst eingeschärft, dass zu einem gesunden Leben täglich 30 Minuten Bewegung gehörten. Dann erklärten sie einigen der Angestellten, dass bereits Bettenschütteln, Staubwedeln und Wäschefalten die Muskeln ausreichend trainierten. Nach einem Monat wogen die derart manipulierten Angestellten fast ein Kilo weniger, während das Gewicht Ihrer Kolleginnen unverändert geblieben war; außerdem waren die Werte für Blutdruck und Körperfett, die als Fitness-Indikatoren gelten, besser als bei den Unbeeinflussten.

Offenbar, so schlussfolgern die Psychologinnen, bewirke allein der Glaube, dem Körper mit normaler körperlicher Arbeit Gutes zu tun, Gutes.

*

Welt Tabakbericht der WHO Juli 2019: durch Rauchen und Passivrauchen weltweit 8 Millionen Tote.

*

Nikotinkonsum ist
Einstiegsdroge Nr. 1
Abstiegsdroge Nr. 1
Todesdroge Nr. 1

*

Nikotin ist so beliebt, weil es bei Stress beruhigt und bei Ermüdung aktiviert.

*

Raucher haben ein fünf bis sechsfach erhöhtes Parodontose-Risiko. Das ist gleichzeitig ein weiterer Risikofaktor für Herzinfarkt und Schlaganfall.

*

Zum Thema E. Zigarette
Aus einem Kommentar zur E. Zigarette namens Juul, in Spiegel Nr. 32 vom 3. 8. 2019: "Nikotinbombenalarm" Juul ist ein hübsch

anzusehender Verdampfer nikotinhaltiger Flüssigkeiten mit poppig bunt gestalteten Aromen wie "Mango", "Cool Cucumber", oder "Menthol". In den sozialen Netzwerken aggressiv beworben, wurde das Produkt unter Minderjährigen ein Sensationserfolg: Viele Millionen Highschool Schüler juulen täglich; ihre Zahl ist von 2017 bis 2018 um volle 78 Prozent gestiegen. Weil Juul extrem viel Nikotin enthält, macht es besonders schnell abhängig. Suchtmediziner berichten von sehr stark abhängigen Teenies, deren soziale Entwicklung Schaden genommen habe. Ärzte geben zu bedenken, dass Juul neben Lungenschäden auch Herzinfarkte und Schlaganfälle verursachen könnte.

*

Dass man mit dem Nullzeiteffekt des Sphinxphänomens jede Sucht bezwingen kann, bestätigt nachstehender Brief aus der Suchtklinik Kalksburg bei Wien:

Durch das Entdecken und Lesen dieses Buches habe ich dessen wertvolles Wissen erkannt und das Potential, aus Schwächen eine Stärke zu machen. Dieses Wissen gebe ich an meine Patienten in der Suchtklinik weiter, welche am Anfang, mitten oder am Ende ihres Weges durch ihre eigene individuelle Abhängigkeit sind. Die meisten Sachen im Leben redet man sich selber ein, bis zu dem Punkt, wo sie früher oder später unsere Realität erschaffen. Indes hat ein Schöpfer hingegen erkannt, dass er ganz allein selbst für sein Leben verantwortlich ist und wählt daher immer zuerst in seinem Inneren, weil er weiß, dass ihm danach das Äußere dienen wird. Die Macht des Geistes und unseres Glaubens ist dabei ein mächtiges Werkzeug. Wie wir wissen, führt der Weg zum Positiven immer erst über das Negative. Mit dem richtigen Glauben durch den Entzug zu gehen, bedeutet auch, nicht alleine zu gehen.
Dr. Karolina Gegotek, Anton Proksch Institut, Wien

DIE HYPNOSCHEIBE

MAGIE UND MYSTIK IM 3. JAHRTAUSEND

Magie ist die Wissenschaft von der Arbeit mit dem Geist und die Kunst von der Gestaltung des Ich. Mit Geist sind die feinstofflichen, höchst lebendigen Formen der Gedanken und Vorstellungen gemeint: Die inneren Bilder, die Gefühle und Emotionen wecken, die einen dann anregen und bewegen oder hemmen können.

Ein weitverbreiteter Irrtum unter Esoterikern ist, dass man den Geist als nebuloses, unstoffliches Lichtgespinst sieht. Geistpartikel verklumpen zwar nicht zu Erde, Wasser, Feuer oder Luft, aber auch sie treten in vier verschiedenen Aggregatzuständen auf und unterliegen, genauso wie die kompakten Atome und Moleküle, ordnenden Gesetzen. Durch Konzentration und Imagination lässt sich der Geist zu Bildern und Einbildungen formen. Dabei kann man beobachten, wie sich die Gedankenbilder, Vorstellungen und Gefühle zu mentalen Komplexen verbinden, die, wenn man sie nicht kontrolliert, im Bewusstsein ein Eigenleben entwickeln, was einem unter Umständen die Freiheit nimmt. Nicht nur in Form von Phantasien, Zwangsvorstellungen oder anderen psychischen Komplexen, auch die Vorstellung von der Torte oder dem Bier, die einen zum Kühlschrank drängt, bewegt uns nicht nur innerlich, sondern ergreift den ganzen Körper.

Zu den wohl wichtigsten Ergebnissen der modernen Geistesforschung gehört die Erkenntnis, dass die Gedanken, Vorstellungen und Gefühle, auf die sich das Bewusstsein der Menschen stützt, die feinstofflichen Wesenszellen des Geist- und Seelenkörpers sind, - und - dass auch der Geist der Götter, Genien und Dämonen aus solchen Wesenszellen besteht. Gedanken und Gefühle sind das lebendige Fleisch des Geistes und der Geister. Das bedeutet, wir wissen, was die Wesen der feinstofflichen Ebenen mit den Wesen der irdische Welt verbindet und kennen die mentalen Botenstoffe.

Die Magie und Mystik im 3. Jahrtausend lehrt, wie man seine persönlichen geistigen Wesenszellen, die sich, im Unterschied zu den grobstofflichen Körperzellen, aufführen als wären sie kleine Geister, kontrolliert, und wie man dadurch auch den Einfluss der Götter und Dämonen, die über diese gemeinsamen Wesenszellen die Menschen und das irdische Geschehen beeinflussen, kontrollieren kann. Dank neuer Erkenntnisse in der astrologischen Forschung kennen wir auch die Gezeiten der Macht der Genien und Dämonen und die Zeit in, der wir selber mächtig sind. Die Astrologie beschreibt nicht nur die Qualitäten der Wesenszellen, sondern auch die Anatomie und Physiologie vom feinstofflichen Körper und hat den Genetischen Code von Geist und Seele geknackt. Mit diesem Wissen kann jeder sich selbst und sein Leben mitgestalten.

Es gibt Erkenntnisse, die erst nach einer gezielten Geistesschulung und menschlichen Reife richtig erfahren und erfasst werden können. Aus diesem Grund haben die Traditionen ihr Gedankengut immer nur ausgewählten, starken, und entsprechend vorbereiteten Schülern zugänglich gemacht. Aber der Zeitgeist, der heute das Denken, Fühlen und Agieren vieler Menschen bestimmt, ist entartet. Die vorgesehene Entwicklung zur Vervollkommnung der Wesen auf diesem Planeten wird immer mehr von negativen Mächten behindert. Es ist notwendig, dass die Menschen mehr über die Verbindungen und Wechselwirkungen, die zwischen den feinstofflichen Welten und der physischen Welt bestehen, erfahren. Heute wird niemand mehr davon geschockt, denn die **»Magie und Mystik im 3. Jahrtausend«** beschreibt auch, wie man sich den Mächten entgegenstellt.

So hat nach Franz Bardon auch Emil Stejnar die geheimen Instruktionen der Gnostischen Hermetik sowie die neuesten Forschungsergebnisse dieser magischen Tradition, in Form der 12 Bände **»Magie und Mystik im 3. Jahrtausend«** an die Öffentlichkeit gebracht. Damit ist die Zeit der Geheimnisträger und Geheimbünde endgültig vorbei. Erkenntnisse, die nie zuvor veröffentlicht wurden, sind zugänglich geworden und verborgene Zusammenhänge zwischen den geistigen Sphären und der Menschenwelt werden enthüllt.

Die Bücher der **»Magie und Mystik im 3. Jahrtausend«** bringen keine neue Weltverschwörungstheorie, sondern decken auf, was bisher nicht bekannt gewesen ist: Nämlich, dass die wirklichen Lenker dieses Planeten nicht auf der politischen Bühne oder in Geheimbünden sitzen, sondern auf den feinstofflichen Ebenen zu suchen sind. Es sind Mächte aus dem Reich der geistigen Welten, welche die Menschen in ihrem Sinne inspirieren und damit die Geschicke der Menschheit bestimmen.

Die Bücher der **»Magie und Mystik im 3. Jahrtausend«** beschreiben nicht nur diese Mächte, sondern zeigen auch einen Weg, wie man sein "Ich" gestaltet, erwacht und sich aus deren Machtbereich befreit. So wie die Naturwissenschaften und die Technik hat sich auch die Wissenschaft vom Geist und von der Seele weiter entwickelt. Neue Erfahrungen wurden gemacht, wertvolle Einsichten gewonnen, man ist nicht nur dem Geheimnis der Götter und Dämonen, sondern auch dem Mysterium des Bewusstseins und der Bewusstseinsträger auf der Spur.

Das Besondere der neuen Erkenntnisse und Übungen ist nicht, dass man magische Macht erlangt, sondern dass man sich so verwandelt, dass man diese gar nicht mehr braucht. Im selben Maße, wie die Fähigkeiten, magisch zu wirken, wachsen, wird der Wunsch, die erlangten Fähigkeiten einzusetzen, schwinden. Das ist ein Mysterium, das jeder erlebt, der den aufgezeigten Weg auch wirklich geht. Es geht also nicht nur um Magie und Mystik. Die moderne Wissenschaft vom Geist bietet auch im profanen Leben eine wertvolle Lebenshilfe. Nicht Geister werden beschworen, sondern die Macht und Kraft des eigenen Geistes wird geweckt. Das Ziel ist nicht, mit Magie über die Welt und die Geister zu herrschen, sondern, sich selbst so zu wandeln, dass einen die Welt und die Geister nicht mehr beherrschen können.

Der Leser, der den Instruktionen und Ratschlägen folgt, wird zu einem Meister und Priester der Geheimwissenschaft, dem kein Manuskript oder Guru oder Orden noch etwas bieten kann. Er ist selbst in der Lage, anderen Menschen als geistiger Führer den Weg zu weisen.

Die Bücher der **»Magie und Mystik im 3. Jahrtausend«** umfassen 12 Bände. Sie bieten eine seriöse, umfassende Einführung in das Gesamtgebiet der Esoterik und sind ein einzigartiger Lehrkurs der Magie und Lebensschule. Emil Stejnar hat mit seinem Werk die Magie und Mystik aus der mittelalterlichen Welt der Wunder in die moderne Welt der Wissenschaft geführt.

1. Buch: DAS BUCH DER MEISTER UND SEINE ERBEN.
Ein Einweihungsroman.

Der Autor schildert die zum Teil auf Tatsachen beruhenden Abenteuer aus zwei Inkarnationen eines Eingeweihten und den Weg, den jeder, der wie dieser Meister den geheimen Anleitungen folgt, zu gehen hat:

In einer Wiener Freimaurerloge wird der Arzt Dr. Michael Stein in den Meistergrad erhoben. Während des geheimnisvollen Rituals erlebt er eine so genannte Seelenreise und wird dabei in die Zeit des 13. Jahrhunderts versetzt: Er ist Mönch und eingeweiht in die Mysterien der Templer. Und er ist dem Geheimnis von Baphomet auf der Spur. Wegen seiner spektakulären Heilerfolge wird er der Hexerei beschuldigt und auf dem Scheiterhaufen hingerichtet. Aber statt in den Flammen zu sterben, erwacht der Mönch im Logentempel, im Körper des Michael Stein. Erschüttert wird ihm bewusst, dass ihn seine Vergangenheit eingeholt hat. Er erinnert sich an seine Mission: An ihm liegt es, ob die Menschen noch zu retten sind, oder ob Baphomet und seine irdischen Handlanger siegen. Er muss die Truhe mit den Gegenständen der Macht und dem Buch der Meister, die er damals vor seinem Tod in einer Höhle versteckte, wieder finden. Maria, die fünfzehnjährige Tochter seines zwielichtigen Logenbruders Brandström, wird ihn auf seiner abenteuerlichen Suche begleiten. Dabei wird er sie, und mit ihr den Leser, in die Geheimnisse der Magie und Mystik einführen. Eine zarte, jahrtausende alte Liebe verbindet die beiden, aber sie ahnen nichts von der Gefahr, die sie bedroht. Denn auch die irdischen Vertreter des Bösen, die Brüder des Schattens, sind hinter der Truhe her und werden die beiden gnadenlos verfolgen.

Das Leserecho bestätigt »Das Buch der Meister« ist weit mehr als ein Fantasy-Roman. Höchste Erkenntnisse werden auf leicht verständliche Art erklärt und offengelegt. Allein die durch die Wortmagie übertragenen Bilder der geheimnisvollen, phantastischen Szenen hinterließen bei vielen Lesern einen solch nachhaltigen Eindruck, dass sich ihr ganzes Leben wandelte. Was sonst nur durch besondere Initiationsrituale bewirkt wird, bewirkt das Mysterium der Geschichte und bezieht den Leser in sein Mysterium ein. Der Leser erlebt tatsächlich hautnah eine Initiation, also eine Bewusstsein verändernde Weihe, welche die Persönlichkeit verwandelt und das ganze weitere Leben in neue Bahnen lenkt. Man kann daher ohne zu übertreiben sagen, dass es sich bei diesem Buch um einen magischen Text handelt, der eine geistige Kraft in sich birgt, die Außergewöhnliches bewirkt. Der Leser wird beim Lesen selbst zum "Erben" vom »Das Buch der Meister« und zu einem Eingeweihten der geheimnisvollen gnostisch-hermetischen Tradition.

Aus dem Inhalt:

- Das Mysterium von Geist und Seele.
- Der persönliche Seelengarten, in dem man nach dem Tod erwacht.
- Wer sind die wahren Lenker des Geschehens auf diesem Planeten?
- Baphomet, der Herr der Welt und die Fürsten der Macht.
- Die geheimen Oberen im Diesseits und im Jenseits.
- Wie man sich aus ihrem Machtbereich befreit.

2. Buch: EXERZITIEN FÜR FREIMAURER.

Instruktionen und Logenvorträge

Sicher haben Sie sich schon gefragt: Wer bestimmt wirklich die Geschicke der Welt? Woher beziehen die Mächtigen ihre Macht? Wer schützt sie, wer stützt sie, wer gibt ihnen Kraft? Wieso haben manche Menschen immer Erfolg, während andere sich mühen und plagen und trotzdem nicht weiterkommen? Geht das mit rechten Dingen zu? Die Antwort ist: ja. Es gibt nämlich Mechanismen der Macht, die wertfrei sind und geistigen Gesetzen folgen. Wer diese Gesetze kennt, kann die dahinter wirkenden Mächte zu seinem Vorteil nützen. Seit Jahrtausenden pflegen Eingeweihte in ihren Traditionen dieses Wissen und geben es an geeignete Persönlichkeiten weiter. Nicht nur die Freimaurer, auch die katholische Kirche hat ihre Esoterik und den Schlüssel zu den Mysterien der Magie und Mystik.

Aber die Zeit der Geheimnisse ist vorbei. Dank der Exerzitien kann jeder Leser die Macht und Kraft des Geistes in sich erwecken und benützen. Der Zugang zu den Mysterien, welche die Handhabung der vier Elemente und den Umgang mit den Mächten der Götter lehren, steht heute jedem offen. Nachdem Franz Bardon mit seinen Werken den "Weg zum wahren Adepten" gewiesen hat, werden Stejnars Bücher diesen Weg erhellen und Stärke geben auf dem Weg zu einem wachbewussten ICH.

Aus dem Inhalt:

- Exerzitien für Freimaurer.
- Ritualmagie im Logentempel.
- Die magische Forschungsloge "Esoterischer Kreis".
- Die Reisen durch die Elemente Feuer, Wasser, Luft und Erde.
- Wie man die Macht und Kraft der Elemente in sich erweckt.
- Das Mysterium der vier Elemente.
- Die Kybernetik des Bewusstseins.
- Die geheime Macht der christlichen Mystik.
- Die magische Schulung der Jesuiten.
- Wie man sich selbst und andere beherrscht.
- Wie sich überdurchschnittliche Begabungen entwickeln.
- Wie sich übernatürliche Fähigkeiten entfalten.
- Wie man sein inneres Gleichgewicht erlangt.
- Das Geheimnis des Erfolgs.
- Die Grundlagen der gnostisch-hermetischen Tradition.
- Magie und Mystik im dritten Jahrtausend.
- Die Arbeit mit dem Geist: 60 Jahre praktische Erfahrung mit Magie.

Was bisher über die Freimaurer an die Öffentlichkeit drang, sind Verschwörungstheorien und Gerüchte, die der Realität in keiner Weise entsprechen. Das wahre Geheimnis der Freimaurerei ist nur wenigen bekannt: Es ist die Praxis der Magie und Mystik, die im Ritual und im richtigen Gebrauch der Symbole enthalten ist. Dieses Buch gibt erstmals Einblicke in diese verborgene Seite der Logen und Ordensgemeinschaften. Stejnar beschreibt auch den Geist, der die Menschen im Tempel bewegt.

Die geistigen Organe und die Kybernetik von Geist und Seele: Feuer, Wasser, Luft und Erde - Denken, Fühlen, Wollen und Sein. Das sind die vier Elemente des Lebens und die vier energetischen Glieder des menschlichen Seins. Der Freimaurer lernt, wie man diese vier Elemente, welche in ihrer Wechselwirkung die Grundlage des Bewusstseins bilden, dank einer besonderen Geistesschulung beherrscht. Indem er jedem dieser Elemente den gleichen Stellenwert beimisst, findet er ein fünftes Element: sein waches

ICHSELBST. Von diesem Standpunkt aus beherrscht er nicht nur sich selbst, sondern auch alle anderen Mächte, Wesen und Geister. Er ist nicht an ein Kreuz genagelt, sondern wird durch die Vier Streben gestützt.

Das verlorene Wort und das verlorene Symbol: Was Dan Brown in seinem Buch über die Freimaurer "Das verlorenen Symbol" nur andeutet, wird von Stejnar enthüllt und beschrieben: Das Mysterium vom verlorenen Wort und das Geheimnis der Pyramidenspitze. Stejnar erklärt, wie man die fünf Ecken der Pyramide in Form eines Pentagramms miteinander verbindet und damit die "fünf Punkte der Meisterschaft" erweckt.

Dic Magic und Mystik der christlichen Tradition. Es ist wenig bekannt, dass auch die katholische Kirche, die offiziell jede Form der Magie verdammt und verteufelt, selbst magische Übungen und Praktiken pflegt. Die Übungen der Jesuiten sind nichts anderes als die Schulung von Geist und Seele, die auch die Tradition der Hermetik lehrt.

Logenvorträge: Geheime Instruktionen, Anleitungen und Praktiken, die bisher nur wenigen Eingeweihten vorbehalten waren, werden nun erstmals auch Außenstehenden zugänglich gemacht.

3. Buch: DIE VIER ELEMENTE.

Der geheime Schlüssel zur geistigen Macht.

Geist und Seele sind kein nebuloses Lichtgespinst, sondern bestehen, so wie der grobstoffliche Körper, aus Gliedern, Organen und geistigen Wesenszellen. Diese Wesenszellen des Geistes sind selber kleine Geister, die man beherrschen muss, wenn man die Welt des Geistes und die Geister beherrschen will. Nur wer seinen eigenen Geist, seine Gedanken, Gefühle und Emotionen - also die Wesensgeister, aus denen er besteht, - beherrscht, beherrscht auch den Geist der Götter, Genien und Dämonen.

Die gnostische Hermetik beschreibt, wie man die Energie dafür gewinnt. Sie kennt verschiedene Techniken, mit denen man seine Triebe und Emotionen in reine Geisteskraft verwandelt und sein Bewusstsein so weit festigt, dass man es über alle sichtbaren und unsichtbaren Schranken erhebt und auch im Tod nicht verliert. Sie zeigt, wie man seine Schwächen in Stärken verwandelt.

Das wahre Ziel ist aber nicht, mit magischer Macht die Welt oder die Geister zu beherrschen, sondern sich zu wandeln, dass einen umgekehrt die Welt und die Geister nicht mehr beherrschen können. Das wird dank der besonderen Geist- und Seelenschulung auch erreicht. Der gnostische Hermetiker zieht sich dazu nicht stundenlang zurück, um sich zu versenken oder zu meditieren, sondern nützt ganz bewusst den Alltag als Schulung für seinen Geist. Nicht Trance, sondern Wachsein wird angestrebt.

Aus dem Inhalt:

- Wie man seinen unsterblichen Lichtleib gestaltet.
- Wie man die geistigen Mächte beherrscht.
- Magie im Alltag: die Magie des Denkens, des Wünschens und Verwünschens und die "schwarze" Magie der Angst.
- Die Magie der Hilfsgeister: Der Kyilkhor und der Geist in der Flasche.
- Alchemie: Die geheime Praxis der alchemistischen Transformation. Wie man im Diesseits das Gold für das Jenseits schürft.

- Die Magie der Bücher und der Wortmagie: Die Sprache magisch verwenden. Jedes Wort ist ein wirkendes Wesen.
- Quabbalah: Die Formelmagie nach Franz Bardon für die Praxis.
- Logenmagie: DAS RITUAL DER HERMETISCHEN VIER.
- Dieses Ritual gibt Zugang zur Macht und Kraft der vier Elemente. Damit haben auch Suchende, die sich nicht durch Eide binden lassen wollen, Zugang zu einer Ritualmagie, die bisher nur Mitgliedern von Logen und Orden vorbehalten war. Das Ritual ist nicht nur für Tempelarbeiten in einer Loge vorgesehen. Man kann damit auch allein arbeiten, um sein inneres elementares Gleichgewicht zu erlangen.
- Mystik: Das "Ritual der Klosterpforte" öffnet jedem das Tor zu einem inneren Kloster, das er jederzeit betreten und verlassen kann und das ihn in den Geist der weltweiten Gemeinschaft aller in klösterlicher Zurückgezogenheit lebenden Brüder und Schwestern einbindet, ohne dass er der Welt entsagen muss.
- Nach dem Tod: erwacht man nicht in einem "Jenseits", sondern zuerst in seinem ganz persönlichen "Seelengarten", in dem das Innere, die Gedanken und Gefühle, zur Umwelt werden. Nur wer darauf vorbereitet ist, kann sein Bewusstsein bewahren.
- Priesterschule und Lebenshilfe: Das Buch versetzt den Leser in die Lage, auch anderen mit der Kraft des Geistes zu helfen. Die Erkenntnisse waren ursprünglich nur für Priester und Eingeweihte zur Ausbildung ihrer Nachfolger vorgesehen. Wer dem Weg folgt, ist befähigt, Suchenden den Weg zum Licht und zu sich selbst zu weisen.

4. Buch: AUSSERKÖRPERLICHE ERFAHRUNGEN.

Wie man lernt, ohne seinen Körper zu leben.

Es gehört zu den beeindruckendsten Erfahrungen und ist einer der Höhepunkte auf dem hermetischen Weg, sich außerhalb seines Körpers zu erleben. Selbst erhabenste geistige Erkenntnisse bleiben Theorie, solange man seine eigene geistige Beschaffenheit noch nicht hautnah empfunden hat. In den alten Tempelschulen gehörte daher dieses Erlebnis zur ersten Lektion, die dem Neophyten bei seiner Initiation erteilt wurde. »Magie und Mystik im 3. Jahrtausend« folgt wieder dieser alten Tradition und weiht interessierte Schüler in das Geheimnis des Astralwanderns ein. Es wird dazu eine ganz neue Technik verwendet, die es jedem sehr rasch ermöglicht, seinen Körper zu verlassen. Bereits die Vorübungen und ersten Versuche zum Wandern geben Einblicke in ein völlig neues Dasein und bilden feinstoffliche Wesenszellen aus, die nicht nur für das Bewusstsein im außerkörperlichen Zustand, sondern auch für das bewusste Leben nach dem Tod unentbehrlich sind.

Aus dem Inhalt:

- Die zwölf Schritte, die das Bewusstsein erheben und vom Körper befreien:
- Wachsein im Alltag, Wachsein im Traum
- Der Traumkörper als Bewusstseinsträger
- Wie man das Traum-Bewusstsein schult
- Richtig einschlafen
- Wie man lernt, im Traum zu erwachen
- Der luzide Traum als Startrampe für Mentalreisen
- Flugträume als Starthilfe
- Das Geheimnis vom fliegenden Teppich
- Im Grenzland der Träume - In fremden Seelengärten
- So kann jeder seinen Körper verlassen
- Die Traumwelt als Ort für Begegnungen mit dem Tod

Bisher versenkte man sich in seinen Körper, versetzte sich in Trance und erwartete, dass man sich bewusst aus diesem erhebt. In der Regel funktioniert das aber nicht. Das ist, als wollte ein Astronaut gleich vor seinem Haus mit seinem Auto zum Mond starten.

Zukünftige Raumflüge werden aus einer Umlaufbahn um die Erde beginnen und die beste Startrampe für Astralreisen findet man auf der Traumebene. Sobald man auf dieser erwacht, also luzid träumt, kann man sich von seinem Körper lösen.

Gezielte Geistesforschung hat gezeigt, nicht Trance sondern Wachsein ist die Voraussetzung für Astralreisen. Die besten Bedingungen dazu findet man in der Welt der Träume, da ist das Feinstoffliche schon etwas vom Grobstofflichen gelöst und man kann seinen Körper leichter verlassen. Aus einem Wachtraum heraus ist das viel einfacher als aus dem reduzierten Bewusstseinszustand in Trance. Luzides Träumen kann man lernen. Es gibt eine einfache Technik, mit der man diese Fähigkeit entwickelt.

Die Traumwelt ist auch ein Ort für Begegnungen mit den Toten. Aber heraus aus dem Körper bedeutet nicht zugleich hinein in eine andere Welt. Der Bewusstseinszustand, in dem man sich dabei befindet, lässt einem zwar das, was man erlebt, als absolute Realität erscheinen, aber nicht alles entspricht tatsächlich der Wirklichkeit. In die geschaute Landschaft können sich Phantasien, eigene und die von anderen Lebenden und Verstorbenen, drängen. Auch dafür gibt es eine Wegleitung, sich in diesen verworrenen Welten besser zu orientieren und die besondere Symbolik, die der Geist zwischen den Ebenen verwendet, richtig zu begreifen. Wer seine Situation erfasst und die Symbolsprache versteht, gewinnt im Traum bessere Einblicke in andere Ebenen als durch Beschwörungen, mediale Botschaften oder Experimente in Trance.

5. Buch: MAGIE MIT ASTROLOGIE.

Astrologie, der genetische Code von Geist und Seele.

Der Autor war vier Jahrzehnte lang astrologischer Lebensberater. Er beschreibt nicht nur den Zugang zur klassischen Astrologie, sondern eröffnet auch ganz neue Erkenntnisse. Verborgene, bisher unbekannte Zusammenhänge, die zwischen den geistigen Ebenen und der Menschwelt bestehen, werden erstmals offengelegt:

Ein Horoskop ist ein Magischer Spiegel. Die Planetenpositionen markieren die geistigen Glieder und Sinnesorgane und bestimmen deren Funktionstüchtigkeit und Qualität. Die täglichen Transite zeigen an, wann welcher "Geist" eine Menschenseele berührt und welche Seelenorgane er aktiviert, reizt oder blockiert. Jede astrologische Konstellation ist eine konkrete Berührung und Begegnung mit einer geistigen Macht in Form wesenhafter Planetenintelligenz.

Aber nicht nur die Planetengenien, auch die anderen "Engel und Dämonen" können bei bestimmten Konstellationen auf die Menschen einwirken. Wer diese Zeiten der Nähe und Befruchtung bewusst in sein Leben integriert, dem bieten sich ungeahnte Möglichkeiten, mit denen er sich und seinen Lebensweg besser gestalten kann. Diese Erkenntnis rückt die Astrologie in ein ganz neues Licht und gibt ihr einen neuen Stellenwert.

Die astrologischen Einflüsse sind nämlich keine Einbahnstraße. Wer die kosmischen Gezeiten kennt, weiß auch, wann er selbst Zugang zu bestimmten Mächten hat. Er kann sich vor unerwünschten Einflüssen schützen und die positiven Kräfte für seine Vorhaben nützen. Und er kann damit auch auf andere Menschen einwirken. Denn so wie die Schicksalsmächte immer nur zu astrologisch möglichen Zeiten entsprechende Eingriffe im Leben eines Menschen vornehmen können, kann man selbst, wenn man die kosmischen Qualitäten und die Einfallstore eines Menschen kennt, diese persönlichen Gezeiten nützen. Mit Hilfe der Astrologie vermag man auch selbst Eingriffe im Schicksalsverlauf vornehmen. Diese "Magie" wurde bisher noch nie beschrieben.

Die Magie mit Astrologie ist keine Magie im klassischen Sinn und doch erscheint es manchmal wie ein Wunder, wenn sich Wünsche erfüllen und Schicksalsfragen lösen lassen, weil man bestimmte geistige Mechanismen beachtet. Es werden keine Geister beschworen, sondern der eigene Geist wird gestärkt und aktiviert. Wer seine Zeit und die Gezeiten der Genien kennt, kann die Qualitäten der Intelligenzen direkt nützen. Die "Magie mit Astrologie" bietet weitaus einfachere Möglichkeiten, sich kosmischer Mächte zu bedienen, als die aufwendige Zeremonial- oder Evokationsmagie.

Die neue Astrologie entschlüsselt sowohl den genetische Code von Geist und Seele, als auch den Schaltplan der Schicksalsgenien. Kennt man die Gezeiten der Macht, kann man das Gewebe des Schicksals durchschauen und die Schicksalsmächte überwinden.

Dank einer besonderen Technik lernt auch der Laie sehr rasch die Grundregeln der Astrologie zu verstehen. Der Anfänger wird erstaunt sein, wie einfach es ist, ein Horoskop zu begreifen. Und der erfahrene Astrologe wird mit den neuen Erkenntnissen, zu denen er aufgrund der gnostisch-hermetischen Sichtweise gelangt, neue Möglichkeiten für seine astrologischen Analysen finden. Selbst Skeptiker werden mit diesen Erklärungen verstehen, worum es in der Astrologie wirklich geht und ihre Vorurteile überdenken.

Die neue Astrologie dient nicht dazu, dass man fragt, was das Schicksal bringt, sondern dass man weiß, wann man handeln soll, damit das, was man plant, gelingt und sich das, was man befürchtet, nicht verwirklichen kann.

6. Buch: FRANZ BARDON

Wer war er? Was lehrte er? Wohin führt sein Weg?

Franz Bardon war sicher die bedeutendste Persönlichkeit auf dem Gebiet der Hermetik. Er hat mit seinen Werken die Geisteswissenschaften für die nächsten Jahrhunderte geprägt und die Grundlage für die Magie und Mystik des dritten Jahrtausends geschaffen.

Das eigentliche Ziel des Weges den er beschreibt, ist nicht magische Macht zu erlangen, sondern die Vervollkommnung von Geist und Seele. Es geht um mehr Geisteskraft, damit man das Leben, sowohl im Diesseits als auch im Jenseits, selbst und bewusst gestalten kann. Nicht alle "wahren Adepten" beschwören Geister und wirken Wunder. Jede Persönlichkeit, die Außergewöhnliches für die Menschheit leistet, jeder hervorragende Künstler, Arzt oder Wissenschaftler, jeder, der selbstlos für Freiheit, Frieden und Fortschritt sorgt, kann ein hoher Eingeweihter sein. Magie ist ein Hochleistungssport, der die volle Aufmerksamkeit und ganze Persönlichkeit beansprucht. Was Bardon beschreibt, kann nicht nebenbei wie ein Hobby betrieben werden. Wer eine bedeutsame Mission übernimmt, verzichtet daher gerne auf die Erinnerung an seine magischen Fähigkeiten, damit er sich voll seiner konkreten irdischen Aufgabe widmen kann.

Auch wer sich nicht mit Magie beschäftigt, kann nach den Anleitungen von Franz Bardon sein Leben, seinen Geist und seine Seele zum Besseren gestalten. Wenn man, wie in Stejnars Buch noch erklärt wird, seine Ausführungen in den Alltag integriert, wird der Weg, den Bardon beschreibt, zu einer praktischen Lebenshilfe.

Stejnars Buch ist ein Wegweiser auf Bardons "Weg zum wahren Adepten". Es werden Fragen, die immer wieder auftauchen, beantwortet, der Weg wird erhellt und Unklarheiten über Franz Bardon werden richtig gestellt. In einem Jahr ist noch keiner ein Adept geworden. Manche Praktiker, die das nicht beachten, glauben, sie machen etwas falsch, zweifeln an sich oder an Franz Bardon und üben nicht mehr weiter. Das ist schade, aber verständlich, denn der Weg ist leider wirklich nicht so leicht zu meistern, wie es Franz

Bardon in Aussicht stellt. Trotzdem ist das kein Grund zu resignieren. Stejnar beschreibt erprobte Techniken, mit denen man diese Hindernisse überwinden kann.

Aus dem Inhalt:

- Franz Bardon: Wer war er, was lehrt er, wohin führt sein Weg?
- War Franz Bardon wirklich ein Adept?
- Auszüge aus Briefen von Franz Bardons Witwe.
- Briefe von Franz Bardon
- Das war Franz Bardon; Zeitzeugen erzählen.
- Stimmt das, was in FRABATO geschildert wird?
- Gab es die Loge des FOGC und wer ist Baphomet?
- Wie ist das mit Bardons Genien und der Abramelin Magie?
- Kann man nach Franz Bardons Instruktionen magisch wirken?
- Was macht man falsch, wenn es nicht funktioniert?
- Wie schafft man den Weg, den Franz Bardon beschreibt?
- Bardon und die Dämonen, die Freimaurer und die Alchemie.
- Persönliche Briefe an Freunde über Bardons Magie und Mystik.
- Erlebnisse aus der eigenen Praxis und Ratschläge für den Weg.
- Sättler, Quintscher, Bardon, Stejnar.
- Das Geheimnis der 4. Tarotkarte.
- Das Mysterium Tarot Karte 00.
- Die Pyramide und das Pentagramm

Mit diesem Buch erhält der Leser noch etwas ganz Besonderes. Eine einzigartige Ikone: DIE SONNE DES FRABATO. Es ist ein Bild, das Franz Bardon seinen Schülern und Patienten als ganz persönliches Amulett schenkte und sie auf diese Weise in seine Kraft mit einbezog. Dieses Bild stellt Bardons Leitgedanken als vierfarbiges Mandala dar: Das Göttliche offenbart sich wie eine strahlende Sonne. Die Sonne durchbricht die Wolken. Das Licht siegt über die Finsternis.

Bardon machte dieses Mysterium zu seinem persönlichen Logo und verwendete das Symbol der Sonne in Verbindung mit dem Schriftzug FRABATO auch für magische Zwecke. Dieses von positiven Kräften durchdrungene Mandala, das bisher noch nie veröffentlicht wurde und nach Bardons Ableben nur ganz wenigen Freunden zugänglich war, wurde mit Einwilligung von Franz Bardons Tochter an den Beginn des Buches gestellt. Es wird wie ein Fenster in seine Sphären wirken und seinen Lesern den Weg zum wahren Adepten erhellen, und es wird Stärke geben auf diesem Weg zu einem wachbewussten ICH.

7. Buch: DAS SCHUTZENGELBUCH.

Wie erlangt man Kontakt mit den höheren Wesen.

Seit über 40 Jahren gehört Stejnars Schutzengelbuch zu den gesuchtesten und beliebtesten Werken der Engelliteratur. Seit Jahrtausenden weiß man, dass es Engel gibt. Die Religionen haben von ihnen verkündet, Franz Bardon hat sie beschrieben, aber Stejnars Schutzengelbuch hat sie für jeden zugänglich gemacht. Was früher nur Priestern und Eingeweihten möglich war, vermag jetzt jeder, der seinen Anleitungen folgt. Für die Neuauflage hat der Autor sein Buch um einige Kapitel erweitert und mit neuen wichtigen Erfahrungen aus seiner magischen Praxis bereichert.

Für jeden Lebensbereich gibt es einen zuständigen Engel. Stejnar verrät, wie man einen Engel um Hilfe bittet und an welchen Engel man sich jeweils wenden soll, wenn man Probleme hat. Eine einfache Methode ermöglicht es, auch ohne magische Evokation den Kontakt zu dem gewünschten Engel herzustellen.

Aus seiner jahrzehntelangen Praxis als astrologischer Lebensberater weiß Stejnar um die Sorgen der Menschen Bescheid und bespricht im Schutzengelbuch die häufigsten Probleme. Seine Erfahrungen im Verkehr mit den unsichtbaren Intelligenzen beschreibt er in Form von konkreten Fallbeispielen, wo er durch ein Amulett mit dem Siegel eines Engels helfen konnte. Zitate aus Dankschreiben sind der Beweis für das segensreiche Wirken der feinstofflichen Wesen.

Persönliche Belehrungen der jeweiligen Engel ergänzen die Beschreibung ihrer Tätigkeit. Dadurch kann jeder auch von sich aus sein Leben richtig mitgestalten. Durch diese bewusste Zusammenarbeit zwischen den Schutzengeln und den Menschen ist eine optimale Hilfe möglich. Die angeführten Belehrungen und Ratschläge der Engel kann jeder sofort befolgen. Für alle anstehenden Lebensprobleme wird eine Lösung aus der Sicht der Jenseitigen, die von ihrer Ebene aus einen größeren Überblick als die Menschen haben, gezeigt.

So wurde ein völlig neues Lebenshilfebuch geschaffen. Die Gesetze des Erfolges und irdischen Glücks, aus der Sicht der Engel gesehen, lassen vieles in einem neuen Licht erscheinen. Ein Weg wird gewiesen, der in geistige Bereiche führt. Ohne religiöse Dogmen und ohne magische Beschwörungsrituale wird in der Gemeinschaft mit den Schutzengeln Trost und Hilfe gefunden.

Für folgende Lebensprobleme werden die zuständigen Engel, deren Namen, Siegel und speziellen Belehrungen beschrieben:

- Gesundheit, Krankheit, Nervenkrisen, Unfallschutz, Unfruchtbarkeit,
- Liebesglück, Liebesleid, Einsamkeit, Schönheit, Trost,
- Glück, Erfolg, Geld, Beruf,
- Studium, Prüfungen, Selbstvertrauen,
- Ehe, Treue, Kinder, Familie, Scheidung, Sex,
- Gerechtigkeit, Gericht, Feinde, Schicksalsschlag, Schutz,
- Vitalität, Jugendfrische, Sport, Willenskraft,
- Mediale Fähigkeiten, Magie, magische Verfolgung, Religion, Astrologie,
- Schwarze Magie, Jenseits und Tod, Erdstrahlen, Dämonen,
- Alkohol-, Drogen- und Diätprobleme.

Das SCHUTZENGELBUCH von Emil Stejnar schließt die Kluft zwischen Wissenschaft und Religion, zwischen Magie und Mystik, zwischen Diesseits und Jenseits. Wer sich an die einfachen Anleitungen hält, dem wird die geistige Welt erschlossen. Tausende

Menschen konnten sich bereits von der wunderbaren Hilfe durch die Engel selbst überzeugen.

Das Schutzengelbuch ist kein gewöhnliches Buch. Es ist eine echte Lebenshilfe und bewirkt oft schon beim Lesen wahre Wunder. Die wertvollen Ratschläge, welche die himmlischen Helfer gaben, machen dieses außergewöhnliche Lebenshilfebuch zu einem Quell der Weisheit und des Trostes, und geben selbst in ausweglosen Situationen Hoffnung und Zuversicht.

8. Buch: DER THEBAISCHE KALENDER.

Die 360 Genien der Erdgürtelzone, die Zeit ihrer Macht und die Praxis der mystischen Invokation

Franz Bardon beschreibt im Buch "Die Praxis der Magischen Evokation" 360 Intelligenzen der Erdgürtelzone. Wer mit einem Engel-Wesen aus der Erdgürtelzone einen engen Kontakt herstellen will, wird im »THEBAISCHEN KALENDER« ein wertvolles Hilfsmittel finden. Einmal am Tag ist nämlich jede Intelligenz dem Ort, an dem man sich befindet, ganz besonders nahe. Wenn man das Wesen in dieser Zeit bewusst erwartet und ihm im Geist entgegengeht, kann man es nicht verfehlen. Dazu muss man jedoch im Voraus wissen, wann der Zeitpunkt seiner Nähe gekommen ist.

Der »THEBAISCHE KALENDER« ist ein immerwährender Kalender. Man kann daraus für jeden Tag des Jahres ablesen, um welche Zeit ein gewünschter Vorsteher am besten zu erreichen ist. So wie die sichtbare Sonne jeden Morgen aufs neue im Osten aufgeht, bewegt sich scheinbar auch die unsichtbare Hierarchie der 360 Genien täglich einmal um die Erde. Alle vier Minuten geht ein neuer Grad der Ekliptik auf und vor jedem Grad steht eine geistige Intelligenz als "Vorsteher" dieses kosmischen Ortes. Jener Vorsteher, der gerade "aufsteigt", ist dem irdischen Geschehen besonders nahe und tritt in der Stunde seines Aufstiegs besonders mächtig in Erscheinung. In dieser Zeit ist die Nähe des Engels deutlicher als sonst zu spüren und man kann ihn auch leichter erreichen, als wenn er sich einem anderen Ort der Erde zuwendet.

Um sich die komplizierten Berechnungen zu ersparen, verwendeten schon die Priester und Magier der Antike den sogenannten »THEBAISCHEN KALENDER«. Emil Stejnar hatte Gelegenheit, diesen Kalender, den seinerzeit Quintscher für seine magische Forschungsloge herausbrachte und den auch Franz Bardon verwendete, einzusehen und hat sich davon Notizen gemacht. Dabei stellte sich heraus, dass das Original einige Fehler aufwies. Stejnar hat deshalb den ganzen Kalender neu berechnet und mit Kommentaren, Ratschlägen und wichtigen Hinweisen aus seiner eigenen Praxis versehen, und diesen in Form des nun vorliegenden Thebaischen Kalenders neu herausgebracht.

Die mystische Invokation und der richtige Zeitpunkt. In diesen Aufzeichnungen wird auch die Praxis der mystischen Invokation beschrieben. Das ist eine Technik, die nur wenigen Eingeweihten bekannt ist. Mit dieser Methode lassen sich, auch ohne magische Evokation, die positiven Eigenschaften eines jeden Vorstehers, und die besonderen Qualitäten einer bestimmten Ebene nutzen.

Man muss einen Vorsteher nicht in die irdische Welt zitieren, sondern kann sich selbst, durch meditative Zuwendung, zur richtigen Zeit in seine Nähe versetzen und sich mit seinem Wesen identifizieren. Man nützt die Gezeiten der Macht und bedient sich der lebendigen Wesenszellen, die aufgrund der Nähe einer Intelligenz gerade vorherrschen. Wer bewusst zur richtigen Zeit in die Aura einer Wesenheit eintaucht, kann von ihrer Nähe profitieren und sein eigenes Wesen entsprechend positiv verändern.

Im »THEBAISCHEN KALENDER« sind die Namen aller 360 Genien angeführt und ein Index für die wichtigsten Anliegen lässt rasch den gesuchten Vorsteher finden. Wer dringend die Hilfe oder Inspiration eines Vorstehers braucht, wird ihn zur Zeit seiner Nähe am sichersten erreichen. Wer ein Siegel, ein Amulett oder eine magische Geste aufladen will, kann dies zur Zeit seiner Nähe leichter, als wenn er ihn erst herbeizitieren muss.

Aus dem Inhalt:

- Die 360 Vorsteher und die Gezeiten ihrer Macht.
- Jesus und die Genien, ein gnostisches Werk als Schlüssel zur Hermetik.
- Die Praxis der mystischen Invokation.
- Wie man einen ungewollten Pakt vermeidet.
- Vom richtigen Zeitpunkt. Die astrologischen Gezeiten nutzen.
- Tipps für die Praxis.
- Die drei großen Mysterien der geistigen Macht.
- Index für die Eigenschaften und Bereiche der Genien.
- Götter, Genien und Dämonen und die richtigen Namen der Macht.
- Die Namen der 360 Genien bei den verschiedenen Traditionen.

Warnung! Stejnar weist auch auf die Gefahren hin, die mit dem Kontakt zu den Genien verbunden sind. Jede Evokation oder Invokation einer Macht, die man nicht beherrscht, hat Folgen und Nebenwirkungen. Viele Anfänger, aber auch fortgeschrittene Magier, die ihre eigene Kraft überschätzten, sind schlussendlich verarmt, erkrankt oder verrückt geworden.

9. Buch: DIÄT-YOGA

So schlägt man dem Jojo-Effekt ein Schnippchen
So macht man mit dem Rauchen Schluss
So gewinnt man aus seinen Schwächen Geisteskraft

Es gibt Menschen, die besitzen eine Ausstrahlung, die jeden sofort beeindruckt. Man spürt förmlich, dass sie nicht nur wollen, sondern auch tun, was sie wollen, und eine selbstbestimmte Persönlichkeit sind. Woher beziehen sie diese Kraft?

Die Antwort ist einfach: Sie wandeln ihre Schwächen in Stärke um. Rauchen, Naschen, Alkohol, Essen, Handy, Internet, alle Regungen, die sich in Form von Gewohnheiten, Bedürfnissen oder Lustbegehren der Vernunft und dem Wollen widersetzen, entziehen einem, sobald man sie befriedigt, geistige Energie. Umgekehrt gewinnt man die Energie dieser Schemen, wenn man sich entschlossen weigert, ihnen zu folgen und sie in die Schranken weist. Das ist eine Tatsache und ein kosmisches Gesetz: Fressen oder gefressen werden. Jeder bewusste Verzicht stärkt den persönlichen Geist. Es geht dabei nicht um Askese, sondern um mentales Fitnesstraining.

Diät-Yoga bewegt nicht Ihren Körper, sondern Ihren Geist. Diät-Yoga ist keine neue esoterische Modeerscheinung und kein banales Abspeck- oder Rauchentwöhnungsprogramm, sondern uraltes Gedankengut.

Bereits die Eingeweihten im alten Ägypten nutzten das geheime Wissen von der Macht des Geistes über die Regungen des Körpers. Sie wussten: In den Körpertrieben steckt die gleiche Energie wie in der Kraft des Willens, und beschrieben das Mysterium in Form der Sphinx.

Das Geheimnis der Sphinx. Die Sphinx hat den Körper eines Löwen und den Kopf eines herrschenden Pharaos. Sie ist Symbol für die Gesamtnatur des Menschen: Im Menschen verbindet sich die unbändige Kraft des Löwen mit der lenkenden Macht der menschlichen Vernunft. Animalische Triebkraft und urteilender Verstand bilden eine lebendige Einheit. Im Kopf wird bestimmt in welche Richtung der Kraftstrom fließen soll. Im Kopf wird der Hebel umgelegt.

Der entschieden gefasste Entschluss zum Verzicht verwandelt automatisch und ohne Anstrengung, die Triebkraft des Verlangens in reinen Willen. Im Unterschied zur krampfhaften Unterdrückung der Begierden und Süchte, erfordert Diät-Yoga keinen Kraftaufwand sondern legt einfach den Hebel um.

Die Entscheidung legt den Hebel um. Die Entscheidung ist Ausdruck des Willens. Die Entscheidung bestimmt ob der Mensch oder das Tier agiert: Vernunft statt Zigarette. Selbstwertgefühl statt Schokolade. Freiheit statt Sklave einer Lust. Vom Verstand bewusst gelenkte Triebe unterscheiden den Menschen vom Tier. Hat man sich entschieden, fließt, mit dem Beschluss, die animalische Kraft des Löwen in die bestimmende Macht des Willens, und untersteht ab sofort - für die Zeit, die man dafür festlegt - der Kontrolle durch den Geist. Dass das funktioniert, ist auf den Nullzeiteffekt zurückzuführen.

Der Zeitfaktor bewirkt, dass der Hebel einrastet. Der Zeitfaktor ist das Jetzt! Das unmittelbare JETZT. Der Nullzeiteffekt beruht auf diesem blitzartig zündenden zeitlosen JETZT. Der spontane Entschluss: Von JETZT bis heute Abend wird nicht geraucht, oder nicht genascht, oder nichts gegessen, überrumpelt die Triebregungen und überrascht einen selbst. Dem Löwen bleibt keine Zeit, sich dagegen zu stellen. Diät-Yoga nützt diesen Überraschungseffekt zur Selbstbestimmung.

Nimmt man der Zeit nicht die Zeit, rastet der Hebel nicht ein. Wenn man sich zum Beispiel vornimmt: Im neuen Jahr werde ich nicht mehr rauchen, oder ab morgen wird gefastet, oder heute Abend wird nicht genascht, hat das Lustbegehren, also der Löwe mit seinen animalischen Energiekomplexen, genug Zeit sich dagegenzustellen, und die guten Vorsätze schwinden dahin.

- Es kommt nicht auf einen starken Willen an, sondern auf die Entscheidung: "Ich will!"
- In Körperregungen, Leidenschaften, Süchten und Begierden, steckt die gleiche Energie wie in der Willenskraft.
- Jeder kann selbst entscheiden, wofür er diese Energie verwendet: Für sein Lustbegehren, oder für die Entschlusskraft, die nein sagt und sich den unerwünschten Trieben entgegenstellt.

Der Spontanentschluss löst den Nullzeiteffekt aus und stellt die Weichen zur Durchsetzung des Willens. Das Sphinxphänomen beruht auf diesem psychophysischen Mechanismus, den man immer wieder aktivieren kann.

Es ist erstaunlich, wie leicht sich mit diesem Überraschungseffekt Esslust oder Rauchsucht überrumpeln und verdrängen lassen. Wenn der Löwe erkennt, dass er in den nächsten Stunden garantiert nichts bekommt, zieht er sich zurück, und der Gusto stellt sich erst gar nicht ein.

Wenn Sie Übergewicht haben und abnehmen wollen, und das bereits mehrmals vergeblich versuchten, dann lesen Sie dieses Buch.

Wenn Sie mit dem Rauchen aufhören wollen, es nicht schafften, oder Angst haben, Sie würden ohne Zigaretten mehr essen, dann lesen Sie das Buch.

Wenn Sie es satt sind, Sklave einer Sucht zu sein und endlich wieder selbst über sich bestimmen wollen, dann lesen Sie dieses Buch.

Das Geheimnis der Jojo Kurzdiät:

- Das Thermostatgewicht und die Verwirrungstaktik.
- Der Sparmodus, der Verzögerungsmechanismus und der Gewöhnungsfaktor.
- Das Wunschgewicht, das Alarmgewicht und das Höchstgewicht.

Wie man die Rauchsucht besiegt:

- Die Blitzentwöhnung mit dem Überraschungseffekt
- Die Stufenentwöhnung als Geistessport
- 20 Hinweise, die es erleichtern, mit dem Rauchen aufzuhören

So gewinnt man aus seinen Schwächen Willenskraft:

- Das Sphinxphänomen
- Der Nullzeiteffekt
- Die Arbeit mit der HYPNOSCHEIBE.

Mit dem Buch erhält der Leser eine HYPNOSCHEIBE. Mit diesem pulsierenden Mandala kann man sich in einen Bewusstseinszustand versetzen, in dem es einem gelingt, das Unterbewusstsein so zu programmieren, dass Handy, Naschen, Essen, Rauchen an Bedeutung verlieren.

10. Buch: ANDY MO

Ein Erdgeist verzaubert die Welt

Ein Junge findet im Keller seines Elternhauses »DAS BUCH DER MEISTER« und eine neue Generation tritt das magische Erbe an. Wer »DAS BUCH DER MEISTER UND SEINE ERBEN« gelesen hat, wird auch die Fortsetzung dieser Geschichte mit Vergnügen lesen und sich noch tiefer in die Mysterien der geheimnisvollen Welt der Geister und der Macht des menschlichen Geistes einweihen lassen.

Andy Mo ist ein junger Erdgeist, der sich in die Menschenwelt wagt, um dort seinen verschollenen Vater, den Gnomenkönig Andimo, zu suchen. Baphomet, der Herr der Welt, hält ihn irgendwo gefangen. Der Fürst des Schattens will verhindern, dass der alte König das Dokument der »Formel des Nichts« findet und den Menschen das letzte große Geheimnis verrät, nämlich, wie man sich endgültig aus dem Machtbereich des Bösen und der herrschenden Mächte befreit. Andy Mo bleibt nicht viel Zeit, seine Mission zu erfüllen, denn wenn ein Geist zu lange auf der Oberfläche der Erde verweilt, kann er nicht mehr in seine geistige Heimat zurückkehren. Zum Glück findet er unter den Menschen gleichaltrige Freunde, die an Geister glauben und ihn daher sehen können. Sie sind ihm bei der Suche nach seinem Vater behilflich. Dafür hilft er ihnen mit seinen magischen Fähigkeiten und weiht sie nach und nach in die Geheimnisse der Magie und Mystik ein. Dabei stoßen sie auf die Spuren von Dr. Stein und die von ihm verfassten Meisterbücher. Der gescheite Rabe Yks ist natürlich auch mit dabei.

Andy Mo erkennt sehr bald: Die Menschen brauchen keine Magie und keine Geister zu beschwören. Wer die Regeln des positiven Denkens praktiziert, ist bereits ein Magier, der seine Zukunft auf geheimnisvolle Weise nach seinen Vorstellungen gestalten kann. Jeder Gedanke kann als Hilfsgeist dienen. Gedanken können aber auch zu Dämonen entarten. Deshalb ist es wichtig, dass man seine Gedanken beherrscht, und genau das ist auch der Zweck einer magischen Schulung.

Da Andy Mo für die meisten Menschen unsichtbar ist, gibt es immer wieder Überraschungen und lustige Situationen, wenn er mit seinen magischen Fähigkeiten den Schwächeren zur Seite steht. Aber nicht immer hilft der Zauber. Die irdischen Handlanger Baphomets, scheinbar seriöse Persönlichkeiten, in Wahrheit aber kriminelle Individuen, verschonen auch seine Freunde und ihre Familien nicht. Es wird ein Wettlauf mit der Zeit und ein Kampf gegen die Mächte der Finsternis. Wird es Andy Mo und den Freunden gelingen, den Gnomenkönig zu finden und zu befreien? Kann er seine Mission, die Menschen aufzuklären, erfüllen, oder wird am Ende doch das Böse siegen? Der Druck des Schattens auf die Kinder wird immer größer. Als sich Andy Mo in Miri Li, ein Mädchen aus der Gruppe verliebt und gerne wie die Menschen sein möchte, sieht es so aus, als habe Baphomet gesiegt. Probleme tauchen auf, die ganze Welt scheint sich gegen den sympathischen Erdgeist und seine Freunde zu verschwören.

Die Spannung ist bis zur letzten Seite garantiert. Gleichzeitig wird alles, was man über den Geist und über die geistigen Mechanismen, die das Leben und Sterben der Menschen bestimmen, wissen muss, auf leicht verständliche Weise erklärt. Das Geheimnis der »Formel des Nichts« wird erstmals offen gelegt. Mit diesen überraschenden neuen Erkenntnissen über die Macht des Geistes wird das Fundament für die Magie und Mystik des dritten Jahrtausend gelegt. Damit bricht ein neues Zeitalter für die Menschheit an.

Ursprünglich sollte »Andy Mo« Kinder und Jugendliche in die Welt der Magie und Mystik einführen. Doch es hat sich herausgestellt, dass auch erfahrene Esoteriker von Andy Mo eine ganze Menge lernen können. Andy Mo erklärt nicht nur, wie Magie in der Praxis funktioniert, sondern auch, wie man ohne Magie, nur durch die Macht der Gedanken, sein Leben auf wunderbare Weise »magisch« verändern kann. Die Arbeit mit dem Geist und mit Geistern ist tatsächlich möglich.

Zwölf Jahre nach Erscheinen der 10 Bände hat sich Emil Stejnar entschlossen, auch die beiden letzten Bücher, die, wegen des brisanten Inhalts, nur seinem engsten Freundeskreis vorbehalten waren, herauszugeben. Die sensationellen Erkenntnisse und provokanten Thesen werden vielleicht manche Leser schockieren oder empören, aber auch zum Nachdenken anregen und das ist der erste Schritt auf dem Weg zu einem wachbewussten ICH.

Es geht um den »lieben« Gott und die Frage, welche Bedeutung die Menschen für die Götter, Genien und Dämonen haben. Und es geht um die Freiheit, um das Erwachen, und um die Geburt des »ICH BIN«.

Es geht um die Erkenntnis, dass die Menschen, sowohl die Mächtigen, als auch die Ohnmächtigen, ahnungslose Spielfiguren im Strategiespiel der Götter sind. Und es geht um die Technik, die es ermöglicht, dass man sich emanzipiert und erwacht und von diesem Spielbrett springt.

Die Instruktionen im 11. und 12. Buch führen an das Ziel jeder hermetischen Ausbildung - aber auch an den Anfang - denn für den Erwachten gewinnt die Geistesschulung einen völlig neuen Sinn. Wer einmal erwacht ist, sieht nicht nur sich selbst und sein Leben, sondern auch den Tod und das Jenseits aus einem anderen Blickwinkel. Nichts ist wie zuvor. Den neuen Standpunkt erlebt das Bewusstsein wie eine Geburt.

11. Buch: AN DER PFORTE ZUR LETZTEN LATERN.

Einweihungsroman

Nicht nur der Titel, das ganze Buch könnte von Gustav Meyrink inspiriert worden sein. Stejnar bedient sich gekonnt der Wortmagie Meyrinks und erweckt seinen Geist wieder zum Leben. Er webt bekannte und unbekannte Zitate von ihm in seine Geschichte, bis er mit ihm zu einer Einheit verschmilzt. Was Meyrink begann, hat Stejnar mit diesem Buch vollendet. Der Leser findet sich selbst und erwacht.

Annika, eine junge Wissenschaftlerin wird entführt. Auch ihr Verlobter, Prof. Berg, der sie verzweifelt sucht, ist in Lebensgefahr. Es geht um die Daten für eine epochemachende Erfindung. Eine fanatische, mitleidlose Sekte will diesen Fortschritt für die Menschheit um jeden Preis verhindern und scheut auch vor Folter und Mord nicht zurück. Auch ein mächtiger, skrupelloser Konzern ist hinter dem Geheimnis her. Es wird ein Wettlauf mit der Zeit. Die Spur führt nach Prag, wo Prof. Berg auf mysteriöse Weise in einem mysteriösen Haus, nach einem Unfall erwacht.

Das »Erwachen« ist das zentrale Anliegen jeder Initiation. Dieser besondere Zustand des Bewusstseins, in dem man erfasst, dass man ist, ist die Grundlage jeder selbstbestimmten Persönlichkeit und das erste Ziel jeder okkulten Tradition. So lange man nicht erwacht ist, hat die Beschäftigung mit Magie und Mystik wenig Sinn. Nur der erwachte Geist ist in der Lage, sich von den Mächten, auf die er angewiesen ist, weil sie ihn tragen, zu befreien.

»Die meisten glauben, dass "Wachsein" ein Offenhalten der Sinne und Augen und ein Aufbleiben des Körpers während der Nacht sei. Von nichts ist der Mensch so fest überzeugt wie davon, dass er wach sei; dennoch ist er in Wirklichkeit in einem Netz gefangen, das er sich selbst aus seinen Gedanken und Gefühlen, dem Hirngespinst, aus dem die Träume sind, webt. Er bleibt ein Träumender.«

Schreibt Gustav Meyrink, der wie kein anderer Geistesforscher, die Mystik des Wachseins erfasste, erklärte und beschrieb.

Man ist gefangen in einem Körper, von seinen Regungen betäubt und von seinen Hirnfunktionen hypnotisiert. Man glaubt, wach zu sein, aber in Wahrheit treiben einen die Gedanken vor sich her und halten einen in der mentalen Tretmühle des Alltags im Vorraum des Bewusstseins fest.

In diesem spannenden Thriller wird das »Erwachen« von unterschiedlichen Standpunkten ausgeleuchtet und auf verschiedene Weise beschrieben, so dass das Geschilderte, tatsächlich jedem einen Zugang zu diesem Mysterium gewährt.

Die suggestive Bildsprache, durchwoben mit bekannten und unbekannten Zitaten von Gustav Meyrink, zieht den Leser, ohne dass er es merkt oder etwas dagegen tun kann, tiefer und tiefer in die Welt des Protagonisten hinein. Eine Welt, in der Wahn und Wirklichkeit nicht mehr zu unterscheiden sind. Irgendwann beginnt man dann selbst zu hinterfragen, ob man sich in der Welt der Lebenden, der Träumenden oder der Toten bewegt.

Es ist eine ungeheuer verblüffende Erfahrung, wenn man nach einigen Kapiteln plötzlich selbst nicht mehr sicher ist, ob man wach ist oder träumt. Aber gerade diese kafkaeske Verwirrung bewirkt schlussendlich das Erwachen, das wie eine Initiation zu einer neuen Selbsterkenntnis führt. Das Gelesene setzt einen Mechanismus in Gang, der das Bewusstsein verändert und dem Selbstbewusstsein völlig neue Qualitäten verleiht.

Wieder einmal beweist Stejnar: Esoterik kann intelligent, aufschlussreich und für das Leben (und Sterben) ungemein hilfreich sein.

Wer Stejnar und Meyrink kennt, muss dieses Buch gelesen haben.

12. Buch: TRÄUMEN KANN GEFÄHRLICH SEIN.

Mystische Erzählungen, Aufregende Kurzgeschichten,
Rätselhafte Aufzeichnungen

Mystische und außergewöhnliche Erzählungen über Liebe, Wahn und Leidenschaft, über Mordlust und Tod. Traum oder Wirklichkeit, das ist die Frage, und die Antwort wird immer wieder überraschend sein. In jeder der aufregenden und unterhaltsamen Episoden steckt ein ernster Gedanke, der Anlass zum Nachdenken gibt.

Es geht um die Abgründe, in die man, sowohl im Diesseits, als auch im Jenseits, stürzen kann. Es geht um die Träume, bei denen man weiß, dass man träumt, und es geht um die Realität, die man, obwohl man überzeugt ist, wach zu sein, verschläft. Und es geht um das Erwachen, um das Wachsein, um die Neugeburt des ICH.

Auch wenn man bei manchen Erzählungen den Eindruck gewinnt, dass sich der Autor über Gott und die Welt und über die Esoterikerinnen und Esoteriker lustig macht, sobald man auch die »Anmerkungen zu den Geschichten« liest, wird man eines Besseren belehrt. Verrückte Weltbilder werden zurechtgerückt. Was geglaubt wird, wird in Frage gestellt, und neue Sichtweisen erhellen, was bisher im Dunkeln lag.

Die revolutionären Thesen über das Mysterium des Bewusstseins, über die Welt der Träume, über das Wesen der Götter und Geister und ihren verborgenen Einfluss auf die Menschen, stellen ein von Grund auf neues Weltbild vor.

Götter werden entthront, Tempelsäulen gestürzt, Moscheen und Kathedralen gestürmt. Ein neuer, gewaltiger, unzerstörbarer Dom, gebaut aus dem Geist des Gedanken »ICH BIN«, wird errichtet. Wer in diesem persönlichen Refugium erwacht, hat das Mysterium des Bewusstseins erfasst. Er kann jederzeit der selbstbewusste Beobachter seiner Gedanken, der selbstbewusste Beobachter seiner Gefühle, der selbstbewusste Beobachter seines Wesens und seines Schöpfers sein.

Auf die Frage, was denn seiner Meinung nach in der Magie und Mystik das Wichtigste wäre, antwortete der Schamane Don Eduardo, den man den Magier der Vier Winde nennt, »Humor«. Und auch Meyrink bediente sich gerne der Satire, um seine magisch mystischen Erfahrungen einprägsam zu vermitteln. Nun hat auch Emil Stejnar diese Möglichkeit entdeckt und die letzten Erkenntnisse der Geisteswissenschaft in unterhaltsame Geschichten verpackt. Nehmen Sie also die Geschehnisse nicht so ernst, wie sie eigentlich genommen werden sollten. Aber bleiben Sie wachsam und wach! Denn die Erzählungen entführen Sie in eine andere Welt.

In die Welt der Träume, und Träumen kann gefährlich sein.

DIE BÜCHER DER »MAGIE & MYSTIK IM 3. JAHRTAUSEND« IN 12 BÄNDEN:

1. Buch: DAS BUCH DER MEISTER UND SEINE ERBEN.
Ein spannender Einweihungsroman aus der Welt der Magie, Freimaurerei und jenseitigen Mächte.

2. Buch: EXERZITIEN FÜR FREIMAURER.
Deutsch: ISBN 978-3-900721-02-2
Englisch: ISBN 978-3-900721-06-0
Instruktionen und Logenvorträge über Magie und Mystik. Einblicke in das wahre Wesen der Freimaurer Tradition und in die geheime Magie der christlichen Mystik.

3. Buch: DIE VIER ELEMENTE.
Der geheime Schlüssel zur geistigen Macht. Wie man seinen unsterblichen Lichtleib gestaltet, und wie man die geistigen Mächte beherrscht.

4. Buch: AUSSERKÖRPERLICHE ERFAHRUNGEN.
Wie man lernt, ohne seinen Körper zu leben.

5. Buch: MAGIE MIT ASTROLOGIE.
Astrologie - der genetische Code von Geist und Seele und der Schlüssel zur geistigen Welt. Wie man sich, seinen Nächsten und die kosmischen Gezeiten erkennt, und wie man die wirkenden Mächte zur Selbstgestaltung und zum erfolgreichen Handeln nützt.

6. Buch: FRANZ BARDON.
Wer war er? Was lehrt er? Wohin führt sein Weg? Tatsachen und Anekdoten um einen echten Eingeweihten.

7. Buch: DAS SCHUTZENGELBUCH.
Englisch: ISBN 978-3-900721-04-6
Französisch: ISBN 978-3-900721-04-6

Wie erlangt man Kontakt mit den höheren Wesen? Die Genien der Erdgürtelzone, wie sie wirken und was man tun muss, damit sie einem helfen, das Schicksal zu erleichtern.

8. Buch: DER THEBAISCHE KALENDER.

Die Gezeiten der Macht: Wann wirken welche geistigen Wesen und wie erreicht man sie?

9. Buch: DIÄT-YOGA

ISBN 978-3-900721-07-7

So schlägt man dem Jo-Jo-Effekt ein Schnippchen: Wie man sein Übergewicht, eine Sucht oder andere Körpertriebe in reine Lebenskraft verwandelt.

10. Buch: ANDY MO - Ein Erdgeist verzaubert die Welt.

Ein Fantasie-Roman und trotzdem aufregende, reale Wirklichkeit. Eine Einführung in die Welt der Magie und Mystik. Für Kinder und Erwachsene.

11. Buch: AN DER PFORTE ZUR LETZTEN LATERN.

Deutsch: ISBN 978-3-900721-00-8

Englisch: ISBN 978-3-900721-08-4

Ein ungemein spannender Thriller über die verborgenen Mächte, die über das Weltgeschehen, und das Bewusstsein der Lebenden und der Toten herrschen, und wie man erwacht und sich aus diesem geistigen Netzwerk befreit.

12. Buch: TRÄUMEN KANN GEFÄHRLICH SEIN.

Print: ISBN 978-3-900721-01-5

E-Book: ISBN 978-3-900721-03-9

Außergewöhnliche, aufregende und provokante Erzählungen über das Mysterium des Wachseins und Sterbens, und die Abgründe, in die man, sowohl im Diesseits, als auch im Jenseits, stürzen kann. Selbstfindung und Erwachen sind das höchste Ziel des hermetischen Weges. Wie man dorthin gelangt, wird in diesen beiden letzten Büchern erklärt.

Emil Stejnar

1939 in Wien geboren, hat sich seit frühester Jugend mit Magie und Mystik beschäftigt. Zahlreiche Publikationen und Medienauftritte machten ihn im In- und Ausland bekannt. Er leitete, neben seinem Juweliergeschäft, zwanzig Jahre lang das Institut für wissenschaftliche Schicksalsforschung und ist Begründer der gnostischen Hermetik, welche die alten Traditionen ins dritte Jahrtausend führt.

Seine besonderen Anliegen sind die Freimaurerei und die Astrologie, weil er dort die Schnittstellen fand, welche die Welt des Geistes mit der Welt der Materie, also die Welt der Esoterik mit der Welt der Wissenschaft verbinden.

Stejnar gilt als Nachfolger des berühmten Magiers Franz Bardon und wird im Vorwort zur Neuauflage des wohl wichtigsten Werkes über die Gnosis "Fragmente eines verschollenen Glaubens" neben Geistesgrößen wie C.G. Jung, Mozart, Hegel, Nietzsche, Rilke, Kafka, neben Eingeweihten wie Jakob Böhme, Papus, Eliphas Levi und Altmeister Aleister Crowley als letzter bedeutender Gnostiker genannt.

WWW.STEJNAR-VERLAG.COM
WWW.DIÄT-YOGA.COM

Beverage Journal Guide to Maryland Taverns, Clubs & Bars

by Michael L. Spaur

HANOVER, MARYLAND

BEVERAGE JOURNAL GUIDES

Published by Journal Books
A division of The Beverage Journal, Inc.
7451 Race Road
P.O. Box 1002
Hanover, MD 21076-4002
(410) 796-5455
FAX (410) 796-5511

ISBN 1-881675-00-9

Manufactured in the United States of America